Proceso de Planeación Financiera

Proceso de Planeación Financiera

*La manera simple de tomar control
de su dinero y lograr una Independencia Financiera*

David Mendez V.

Copyright © 2010 por David Mendez Vivas.

Número de Control de la Biblioteca del Congreso:		2010932721
ISBN:	Tapa Blanda	978-1-6176-4028-5
	Libro Electrónico	978-1-6176-4027-8

Todos los derechos reservados. Ninguna parte de este libro puede ser reproducida o transmitida de cualquier forma o por cualquier medio, electrónico o mecánico, incluyendo fotocopia, grabación, o por cualquier sistema de almacenamiento y recuperación, sin permiso escrito del propietario del copyright.

Este Libro fue impreso en los Estados Unidos de América.

Para ordenar copias adicionales de este libro, contactar:
Palibrio
1-877-407-5847
www.Palibrio.com
ordenes@palibrio.com
204539

A mis padres, David y Carmen, que han sido un soporte invaluable, no solo en este proyecto sino a través de mi vida.

Indice

PREFACIO .... **XI**
AGRADECIMIENTOS .... **XV**
ACERCA DE ESTE LIBRO .... **XVII**
ACTUALIZACIÓN PARA LA VERSIÓN DEL 2010 .... **XIX**
INTRODUCCIÓN A NUESTROS PRODUCTOS .... **XXI**

CAPÍTULO I
El Proceso de Planeación Financiera: 1
Introducción *1*
Etapas de la Planeación Financiera *3*
    Proceso básico de Cuatro Pasos: *3*
        Ilustración I ***4***
    Datos Útiles: *4*

CAPÍTULO II
Determinación de Metas y Recopilación de Información 7
Determinando metas y expectativas *7*
Estado de la situación financiera (Balance) (activos, pasivos y patrimonio) *7*
    Tabla I ***8***
    Tabla II ***9***
Flujo de Efectivo (liquidez), Entradas y Salidas (Ingresos vs. Gastos) ... *9*
Beneficios Financieros del Empleado *10*
Tiempo (Horizontes de Tiempo) *10*
Situación Fiscal *10*
    Tabla III ***11***
    Ilustración II ***12***

CAPÍTULO III

Estrategia y Planeación de Metas 13
Reservas de Efectivo y Ahorros a Corto Plazo 13
¿Cuánto es suficiente? 14
Creando su Reserva de Efectivo 15
Donde guardar su Reserva de Efectivo 16
Creando su Reserva de Efectivo. 17

CAPÍTULO IV

Gestión de Riesgos (Seguros) 19
¿Qué monto de Seguro de Vida necesito? 20
¿Qué tipo de póliza de Seguro es la mejor para mi? 21
Ilustración III 22
Ilustración IV 23
Seguro de Incapacidad (DI) 24
Tabla IV 24
Seguro de Cuidado a Largo Plazo (LTC Insurance) 25

CAPÍTULO V

Educación 27
Seguros de Vida: 28
Programas de Ayuda Federal a estudiantes: 28
Cuenta de retiro IRA Coverdell: 29
Cuenta de retiro ROTH IRA: 29
Planes de ahorro 529: 29
Comenzar a Tiempo es la Clave: 30
Tabla V 30

CAPÍTULO VI

Retiro 31
Necesidades de ingresos: 32
¿Cuál es la herramienta correcta para ahorrar? 32
Acta de Protección a Pensiones del 2006: 35

CAPÍTULO VII

Manejo de Activos (Inversiones de renta variable) 39
Conociendo su Riesgo 41
Cuestionario de Tolerancia al Riesgo: 41
Tabla VI 51

CAPÍTULO VII
Planeando su legado (Herencia) 53
Objetivos de la Planeación de su Legado/Herencia 54
¿Que es el Patrimonio? 54

CAPÍTULO IX
Implementando y Monitoreando su plan financiero 57
Implementación: 57
Supervisión: 57

CONCLUSIONES 59
CLÁUSULA DE EXENCIÓN DE RESPONSABILIDAD (DISCLAIMER) 61
ACERCA DEL AUTOR 63
GLOSARIO FINANCIERO 67
NOTAS 99
CUPÓN PARA EL CD INTERACTIVO 109

Prefacio

Mis primeros pensamientos sobre el como comenzar este libro vinieron más que nada en forma de enojo, la idea principal era la de expresar mi ira hacia el sistema financiero que una vez más colocó a la economía sobre un castillo de naipes, al tiempo que prometía retornos exorbitantes, sin tomar en cuenta los inherentes riesgos y sus consecuencias. Cabe también mencionar las prácticas individuales así como los modelos de negocio de la industria financiera, fundamentalmente incorrectos, y que una vez más, nos condujeron a una burbuja insostenible que tuvo como resultado la situación económica que vivimos actualmente.

Pero quiero ser empático con el lector y pensar, que tal vez, así como yo, él también está cansado de escuchar las mismas malas noticias y los comentarios de los supuestos expertos culpándose unos a otros, del fracaso del gobierno de no regular mas de cerca a la industria financiera y bancaria, de la imprudencia del inversionista y de la avaricia del agente de inversiones.

Si. Hubo un malentendido generalizado de las bondades del capitalismo, tanto por los individuos, como por las compañías y los gobiernos en general. Los servicios Financieros se utilizaron únicamente para producir riqueza, en lugar de ser un conducto para generar capital (dinero), crear empleos, y a mediano y largo plazo, generar un crecimiento económico más profundo y sostenible. Todo mundo cayó enamorado de los nuevos y creativos productos financieros sin considerar costo o riesgo; se creó una epidemia psicológica y social basada en la avaricia. Y como quedarse sentado, cuando ves a parientes, compañeros de trabajo y amigos, que obtenían promesas de rendimientos que doblarían o triplicarían sus inversiones en un abrir y cerrar de ojos.

La gente tiene que entender, que todas estas burbujas económicas están condenadas a reventar. El cuando, no es tan complicado como algunos eruditos y expertos pretenden hacer creer, ellos cuentan con los instrumentos necesarios para calcular este fenómeno con cierto margen de exactitud; el problema, como mencioné anteriormente, es la "avaricia epidémica", el querer ganar cada vez más y más, convirtiéndose en simple y sencilla avaricia.

Poniendo cualquier inclinación política aparte, el cuestionamiento sobre si los gobiernos del mundo han hecho lo correcto o no al enfrentar este gran colapso económico global, es difícil de sopesar en este momento. La verdad es que, si el ir saliendo de este lío ha estado lleno de altibajos, la recuperación va a ser más larga e incomoda de lo esperado.

Compárelo a sus finanzas personales e imagine que usted comienza a pagar su hipoteca con su tarjeta de crédito, porque es exactamente lo que los gobiernos alrededor del mundo están haciendo; no porque estén actuando incorrectamente, es simplemente porque no pueden permitir que la economía mundial se detenga en seco. Actualmente, los individuos no están gastando, debido básicamente a la carencia de crédito, bajo nivel de ahorro en las ultimas décadas, alto nivel de desempleo, o simplemente por prudencia y buen juicio. En segundo plano, las corporaciones están cuidando sus reservas de efectivo, lo cual refleja positivamente en sus estados financieros, y es más conveniente para sus inversionistas el despedir empleados y dejar de invertir en nuevos productos o proyectos, que reflejar bajas en sus ganancias o pérdidas por pequeñas que sean. Entonces, los únicos capaces o comprometidos a inyectar capital a la economía, son los gobiernos.

La consecuencia es muy simple: desequilibrio fiscal y déficits que crecen rápidamente alrededor del globo y una amenaza de un evento inflacionario grave en los próximos 18 meses. Tomemos en cuenta, que no es la responsabilidad de los gobiernos crear empleos para sus ciudadanos, el deber del gobierno, es salvaguardar el funcionamiento balanceado de la economía, para que, tanto las compañías privadas, como los individuos puedan prosperar y generar crecimiento económico y por ende empleos.

En los meses anteriores hemos visto una mejora de los indicadores financieros y una recuperación en las bolsas de valores, sin embargo, esto es sólo una nueva revalorización de precios que no debe ser vista como una recuperación formal. Aunque no es tema de este libro, no creo que ésta sea una recesión en forma de "V", más bien una menos común en forma de "W"; esto significa que habrá otro ajuste del mercado hacia el último trimestre del 2009 o principios del 2010.

Incluso después de este ajuste y que la interpretación generalizada del sistema financiero pase de "estar enfermo" a "en recuperación", no hay que olvidar que la mayoría de nosotros dependemos de los principales indicadores económicos: PIB, índice de desempleo, inflación, y que esta "verdadera economía", todavía estará en una curva en forma de "L" en el 2010 y una buena parte del 2011. La realidad, es que debemos esperar un lento crecimiento en la próxima década, parecida a la "década perdida" que sufrió Latinoamérica en los 80's y Japón en los 90's.

¡Por favor! No se alarme, este escenario es realmente positivo, lo último que necesitamos es otro episodio de crecimiento rampante; lo ideal es una recuperación sostenida. Esta crisis debería ser un parte aguas que nos lleve hacia un cambio de modelos comerciales y comportamiento individual. Aun cuando la planeación e ingeniería financiera para elaborar un mejor sistema económico nos tome otros diez a quince años, con suerte, surgiremos con un mejor modelo que el actual, que será benéfico para la mayor parte de la población y no para unos cuantos.

¿Qué hay hacer? De pequeños pasos hacia sus objetivos individuales, no se apresure. Después de leer este libro y mientras planifica su plan financiero, mantenga los ojos abiertos y sus oídos cerrados. Imagínese que usted ya cuenta con un plan financiero y de inversiones, pero se encuentra en un país extranjero, donde usted no puede leer o entender las noticias, de modo que usted no reaccionará a cada cambio, moda o tendencia.

Comprometerse con su plan y sus objetivos, no significa que no puedan modificarse al revisarlos periódicamente; la flexibilidad es esencial en todo plan financiero.

La paciencia será clave en la próxima década, la norma será volver a los fundamentos del ahorro, del consumo responsable y el de establecer objetivos a largo plazo; lo cual permitirá que usted prospere y sea económicamente independiente sin perder muchas noches del sueño.

Recuerde que Roma no se hizo en un día, esto le tomará tiempo, debe hacer las cosas de manera correcta, sin tomar atajos. Burbujas como esta pasada en los Bienes Inmuebles ha sido la última de una serie de muchas; la de Tecnología a finales de los años 90's, fue causada por la especulación e irresponsabilidad de todas las partes implicadas, esto no es nuevo, han habido burbujas desde los inicios del capitalismo, la Burbuja de Tulipanes a principios de 1630 casi paralizó la actividad económica en Europa fue una de las primeras y con consecuencias muy similares a todas las que han seguido.

Siempre habrá algo nuevo, de moda, el sabor del mes o la semana…la manera rápida de hacer dinero, y por más atractivas que parezcan… ¡NO LO HAGA!; siga con su plan y llegue a sus objetivos a tiempo y sin arriesgar lo ya trabajado y acumulado. Manténgase dentro de los fundamentos básicos y estará bien.

De mas joven tuve la oportunidad de trabajar con un tío, y en mi opinión, es la persona con la visión más clara sobre la ética de trabajo y el deseo de ser el mejor en su actividad especifica. Por suerte aprendí mucho de él, especialmente el que trabajar duro y honestamente es lo único que nos queda al final del camino y que es mejor tener lo suficiente para vivir cómodamente, que haber perdido todo en un espejismo.

Gracias por la oportunidad de ser parte de su proceso.

Agradecimientos

A mi familia y amigos que me han apoyado con este sueño.

Quisiera agradecer especialmente a Itzel Valenzuela que ha tenido una invaluable contribución a esta versión en español de mi libro, aparte de sus continuos aplausos y palabras de aliento.

También a mi amiga Gaby Estrada que se tomo tiempo de su maravilloso proyecto (www.worldkeeper.org) para ayudarme con la parte visual del libro.

Acerca de este libro

Así que usted quiere poner sus finanzas en orden, conseguir sus objetivos de manera ordenada y simple, ahorrar e invertir (sin perder el sueño), seguir el progreso de dichos objetivos y medir su avance, al mismo tiempo, quiere conocer mas sobre sus opciones. ¡Felicidades! usted compró el libro adecuado.

Este libro no lo hará rico en 30 días, no le dará la última "acción del día " o decirle como ganar millones en el mercado de valores; a diferencia de otros libros que prometen hacer que su dinero se multiplique por arte de magia, éste le enseñara simplemente como tomar control de sus finanzas para su beneficio.

Personalmente, creo que no hay ninguna manera de regular el buen juicio. Hay sin embargo, una necesidad de quitarse la mentalidad "kamikaze", sobre todo en cuanto a nuestras finanzas personales se trata; tengo la esperanza de que este libro sea una voz de moderación.

No trataré de explicar aquí lo que experimenté durante los más de siete años que trabajé en la industria financiera o, lo que me llevó a comenzar este proyecto; usted puede leer más sobre esto en la sección "Sobre el Autor". Lo que haré es compartir con usted, lo que considero que esta fallando en la manera con la que actualmente manejamos nuestras finanzas personales y como este proceso puede ayudarle a tomar el control de las mismas.

Siempre animo a mis clientes a preguntar acerca de las opciones que les presento, y si piensan que hice todo lo posible en explicarles claramente por qué A o B son mejores opciones que C, pero al final, siempre les dejo tomar sus propias decisiones…porque ellos son los expertos, ellos saben más sobre sus negocios y su vida personal que yo. La única diferencia, es la falta de información, que les permita, dentro sus opciones, poder tomar la mejor decisión.

En resumen, el problema principal es la falta de información. El conocimiento le da a usted, el poder de tomar una decisión sin dudar de su capacidad. Recuerde que no hay ninguna decisión correcta o incorrecta, sólo las consecuencias de haber tomado éstas. Este proceso le ayudará a conocer las opciones a su alcance y las consecuencias de usarlas, solo entonces, usted podrá decidir a fin de llevar a cabo sus objetivos personales.

De ningún modo estoy desdeñando las ventajas de contratar a un consejero o consultor financiero, en sí, la gente exitosa a menudo gasta una gran cantidad de tiempo y dinero obteniendo el consejo de otros. Tome por ejemplo a Sir Richard C. Branson, el presidente del Grupo Virgin (valor alrededor de 2,500 millones de Euros), ¡él gasta alrededor de 2 millones de Euros por año en consejeros y asesores solo para sus asuntos personales!

No todo el mundo puede costear asesores y consejeros, pero la verdad es, que no funcionan para todos, no toda persona los necesita. En ciertas etapas de su vida, todo lo que usted necesita es una buena base, tener a la mano la información que le permitirá situarse delante de los demás con paso seguro. Este libro le dará esto.

Este libro le proporcionará los instrumentos que usted necesita para establecer los cimientos básicos para construir su futuro. También le mostrará los pasos a seguir para que pueda completar sus objetivos y sueños con la menor cantidad de altibajos.

No le mentiré, esto llevará tiempo, requerirá mucha disciplina y sí, algunos sacrificios de su parte; pero al final, el progreso será medible, claro y sobre todo gratificante.

Actualización para la versión del 2010

Ahora, el libro viene con un CD que contiene una presentación interactiva la cual le guiará durante la lectura del libro o puede ser utilizada al final para implementar su plan financiero. Esta presentación contiene elementos que le apoyarán de manera esencial en este proceso, le recomendamos adquirirla.

Al final del libro, encontrará un glosario de Términos Financieros que le será de vital ayuda durante la lectura del libro y la implementación del plan.

Nota: Si usted compró el libro en una librería y no através de nuestros seminarios o pagina Web, y desea obtener el CD con la presentación interactiva, hay un cupón al final del libro, que podrá utilizar para ahorrarse los gastos de manejo y envío al ordenar el CD.

Lo puede enviar por correo o regístrese vía Internet a:

www.TheFinancialProfessor.com ó TheFinancialProfessor@gmail.com
(Se cobrarán gastos de envío sobre otros productos)

Este primer libro se enfoca a los principales aspectos de la planeación financiera: Reservas de Efectivo, Manejo de Riesgo (Seguros), Ahorro para la Educación, Retiro, Manejo de Inversiones y Planificar su Legado o Testamento.

A través de nuestra página Web, podrá adquirir las presentaciones que complementan cada uno de los temas.[1]

Dados los continuos cambios en las leyes fiscales (mas de 6,000 por año) algunos de los números en este libro cambiaran conforme pase el tiempo.

Los números y porcentajes están actualizados para el año fiscal 2009. Actualizaciones posteriores estarán disponibles en nuestra página Web: www.TheFinancialProfessor.com

Introducción a nuestros Productos

Estamos viviendo tiempos difíciles y es natural que algunos de nosotros tratemos de encontrar una salida rápida o una solución fácil a nuestros problemas financieros, sin embargo, esa manera de actuar y pensar, Es esta "avaricia epidémica", el querer ganar cada vez más y más, convirtiéndonos a todos en culpables.

Muchos de ustedes han visto la gran cantidad de libros, folletos, comerciales, etc. sobre instrumentos de inversión, también, han recibido numerosas llamadas de aquellos que, en la industria financiera, todavía tratan de obtener sus ahorros ofreciendo soluciones que no son las apropiadas para usted y con la única finalidad de aumentar sus comisiones y ventas.

¿Qué ofrece este Programa de Planeación Financiera que no ofrecen otros que están a la venta?

La respuesta es simple, ya que actualmente no existe nada similar a la venta. Con más de 14 años de experiencia como consultor y asesor financiero, tanto para individuos como para pequeños negocios, he encontrado que hay poca gente con la capacidad económica de pagar a un consejero ó asesor financiero. Además son pocos los consultores que proporcionan la información necesaria que le permitirá a usted, prosperar en menos tiempo y con menos dificultad que el promedio de la gente.

La verdad, es que no hay ninguna "fórmula secreta" para enriquecerse o hacer dinero rápido...hay sin embargo, una serie de pasos, que pueden ser útiles para que usted se encamine hacia lo que llamamos "independencia financiera". Hemos visto, que la gente que sigue estos pasos, por lo general llega a sus metas u objetivos mucho mas rápido y con mejores y mayores recompensas.

Este programa no le ofrece una serie de consejos, no le indica cuales son las acciones de moda en la bolsa, tampoco le estamos prometiendo que usted hará millones. Hemos elegido una serie de temas que son de alta prioridad para la mayoría de nuestros clientes, tanto en tiempos malos como en los buenos.

¿Porque decidimos desarrollar este proyecto?

Uno de los problemas principales en la Industria Financiera, es la carencia de información clara a disposición del público en general, cada compañía argumenta que es demasiado complicado, que usted necesita a un "experto" para manejar su dinero, cuando muchos de estos asesores, están en mayores problemas financieros que sus mismos clientes y esto les genera la necesidad de hacer más dinero para mantenerse a flote...y está claro que su bienestar personal reemplazará al de sus clientes.

Otra cuestión es, que no todo el mundo puede pagar a un asesor de $2,000 promedio por año, y los que cobran $300 o $500 por año, por "un plan financiero" que solucionará todos sus problemas (suena maravilloso, lo sé), sólo le darán un plan estándar con su nombre impreso. Esta "plan" no es otra cosa que una herramienta de ventas para que el agente o asesor pueda cerrar la venta mas fácilmente y cubrir sus cuotas mensuales, además de cubrirse legalmente. Así que, como con todo lo demás, si parece demasiado bueno para ser verdad... es que probable lo sea.

Entonces, después de todos estos años en el negocio y ver como la gente de la Industria Financiera ha abusado y mal informado al publico en general, al mismo tiempo que han debilitado la economía; decidimos que era tiempo para un cambio, para hacer algo propositivo; y para nosotros, fue el de compartir nuestros conocimientos de un modo simple y accesible.

Formamos un equipo de expertos que comenzó a exponer, sin rodeos, los fundamentos de cada una de las áreas que componen la situación financiera de un individuo, enfocándonos, tanto a lo que nuestros clientes tienen en común, como a sus principales y diversas preocupaciones, presentándolo en un formato que les permitiera su fácil comprensión y aplicación...al mismo tiempo de ofrecerlo a un precio accesible.

Así es como surgió el programa del Profesor Financiero.

¿Por qué debería yo pagar por este programa cuándo puedo conseguir toda clase de información en la WEB gratis?

Con toda la información disponible, es normal considerarlo. Sin embargo, la respuesta es simple, no toda la información en la Internet tiene una base sólida, por lo general describe la experiencia personal de alguien más. Nosotros hemos puesto mucho esfuerzo sumando experiencias, técnicas probadas y cambios recientes del derecho tributario y al protocolo de inversiones, para que con pasos sencillos, puedan nuestros clientes seguir su propio camino. El costo del programa es realmente accesible, al mismo tiempo, nos permite absorber los costos de producción e introducir las futuras actualizaciones que surgen día a día.

Este programa esta estructurado de manera muy sencilla:

Planeación Financiera a su medida
Kit de inicio: Libro más CD interactivo.
La base para desarrollar su plan financiero.
($29.99)

Kits Básicos: ($14.99 c/u / $49.99 todos)
- Planeación y Financiamiento para la Educación
- Planeación para el Retiro (Plan de Retiro I)
- Conocimientos básicos de Inversiones (Inversiones I)
- Crédito, Hipotecas y Más

Kits Avanzados: ($19.99 c/u - $59.99 todos)
- Impuestos en el Retiro (Plan de Retiro II)
- Creando un Portafolio de Inversiones (Inversiones II)
- Seguros de Vida, Incapacidad y LTC
- Planeación de Herencias

El Kit de inicio contiene el Libro más un CD con una Presentación interactiva, enlaces a otros documentos como: hojas de cálculo, archivos PDF y gráficas que le serán de gran utilidad a través de este proceso.

Obtenga con cualquier compra un Glosario Financiero con más de 220 términos!!!!

- Si usted compra el Kit de inicio y después esta usted interesado en algún otro kit, los descuentos se aplicarán posteriormente a la compra de los mismos.

CAPÍTULO I

El Proceso de Planeación Financiera:

Introducción

Hoy existen más productos y servicios financieros de los que usted puede contar; si usted busca en la Internet los términos "inversiones" o "planeación financiera", obtendrá miles de resultados. El problema de hoy no consiste en encontrar la información, sino en filtrar cuidadosamente la gran cantidad que está disponible. Lo ideal es encontrar los productos o servicios específicos que encajan a sus necesidades, objetivos y valores.

Incluso, con la abundante información disponible en finanzas personales y manejo de efectivo, muchas personas deben entender que la independencia financiera es un objetivo personal, que sólo ellos tienen que conseguir, nadie más lo hará por ellos.

Usted debe considerar que la industria financiera está detrás de un objetivo y un objetivo solamente: vender productos financieros. Eventualmente todos tenemos que utilizar algún instrumento o producto financiero para conseguir cierto objetivo, pero con la información que le ofrecemos en este proceso, al menos usted será capaz de saber qué opciones tiene disponibles y las consecuencias al usar cada una de ellas

Su futuro financiero depende de las decisiones que usted tome hoy. La planeación financiera es un proceso largo y personal que usted crea y adapta basado en sus necesidades, sus valores y su situación actual. Los objetivos financieros para muchas personas son similares: ahorro, retiro, manejo de inversiones, educación de los hijos, dejar un legado o herencia.

¿Cómo se puede llegar a donde usted quiere ir? Primero, identificando y ordenando las cosas que son importantes para usted (tanto en el presente como en el futuro), segundo, elaborando un plan y desarrollando las estrategias adecuadas para ejecutarlo.

Hay varias etapas "Financieras" en nuestras vidas, nuestras prioridades y necesidades normalmente cambian o algunas se vuelven más importantes que otras:

- En la fase de acumulación, período de los 30-40 años antes del retiro, la gente está más enfocada en el financiamiento de una hipoteca para comprar una casa, la educación de sus hijos, manejar su flujo de efectivo y ahorrar para su retiro.

- La fase de distribución comienza en el retiro. Nuestro enfoque es ahora el tener una estrategia apropiada para el retiro, manejar el riesgo, reducir impuestos y mantener el mismo nivel de vida.

- Más allá del retiro usted tiene la fase de preservación. Aquí hay un cambio en el enfoque de sus inversiones y su protección para mantener los ingresos adecuados se convierte en una prioridad. De ahí que la reasignación de sus activos y el tratar de contener el impacto de la inflación adquieran una mayor relevancia.

- La fase de transferencia es la última etapa del retiro, es cuando usted comienza a pensar en cómo pasar o transferir sus bienes a la siguiente generación; dejar una herencia.

Etapas de la Planeación Financiera

Proceso básico de Cuatro Pasos:

I. Establecer Metas:

- Todos tenemos diferentes metas en la vida y siempre es prudente determinar cuáles son éstas y colocarlas en orden de importancia (no siempre contamos con el dinero para financiar todas). Aquí unos ejemplos:

- Corto Plazo: Establecer un fondo de emergencia o ahorrar para unas vacaciones, compra de ropa, etc.

- Mediano Plazo: Crear un fondo para la educación o ahorrar para el enganche de una casa o un auto.

- Largo Plazo: Establecer un fondo de retiro, adquirir una casa de verano o contar con suficiente capital para establecer su propio negocio.

II. Recopilación de Información:

- Activos, Pasivos, Deudas, Seguros y declaraciones de impuestos anteriores, son datos necesarios para realizar un buen análisis. Como con toda información, entre más detallada es mejor.

- Crear un Presupuesto.

III. Crear su plan y estrategias:

- La manera más fácil de comenzar, es escribir todos los detalles de cómo va a llegar a la meta y qué cambios se necesitan hacer en su vida diaria para lograrlo.

- Investigar opciones y establecer un plan de acción que acumulará todas sus metas e ideales.

IV. Implementar su plan…¡¡¡Tomar acción!!!

- Hacer los cambios necesarios y asegurarse de supervisar el progreso de su plan por lo menos cada 6 meses.

Ilustración I

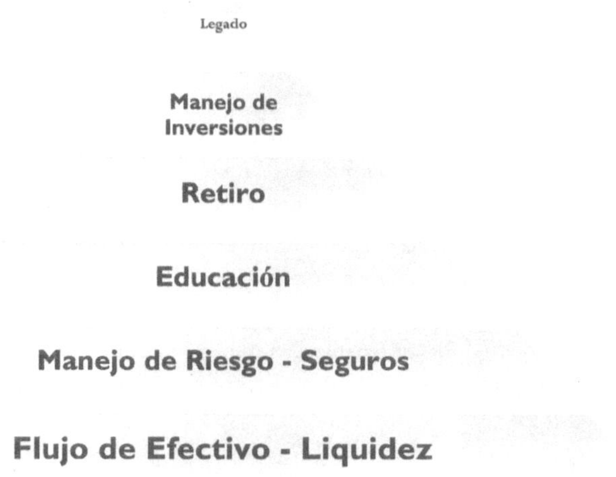

Legado

Manejo de Inversiones

Retiro

Educación

Manejo de Riesgo - Seguros

Flujo de Efectivo - Liquidez

Datos Útiles:

- Tasa de Rendimiento Ajustada a la Inflación:

$[(1+\text{Rendimiento})/(1+\text{Inflación})-1]*100$ → $[(1+i)/(1+r)-1]*100$

  - Esta fórmula refleja el verdadero rendimiento de una inversión (ahorro, mercado de dinero, etc.)

  - A través de esta fórmula, se dará cuenta de que posiblemente esté perdiendo dinero (poder adquisitivo), al utilizar ciertas cuentas de ahorros.

- <u>Solicite un Informe de Crédito (Credit Report):</u>

    - Éste le permitirá tener una mejor idea de que tan bien balanceado (o no), estén sus pasivos a mediano y largo plazo contra su deuda revolvente.

    - Hay 3 Servicios de reporte de crédito a su alcance:

(El servicio telefónico es bilingüe, la página Web esta sólo inglés).

    - EQUIFAX, (800) 685-1111, www.equifax.com

    - EXPERIAN, (888) 397-3742, www.experian.com

    - TRANS UNION, (877) 322-8228, www.transunion.com

CAPÍTULO II

Determinación de Metas y Recopilación de Información

Determinando metas y expectativas

- Las metas deben ser específicas y enumeradas en orden de importancia, indicando el tiempo y el monto de dinero necesario para alcanzarlas.

Estado de la situación financiera (Balance) (activos, pasivos y patrimonio)

- Los <u>Activos</u> son todos aquellos bienes que usted posee, ya sea que estén pagados en su totalidad o no: equivalentes de efectivo (chequera y ahorros), activos invertidos (Acciones, Bonos, cuentas de Retiro y Bienes Inmuebles), coches, mobiliario, joyas, etc.

- Los <u>Pasivos</u> son todas sus deudas; tarjetas de crédito, préstamos bancarios, hipotecas, préstamos de coche, préstamos personales, etc.

- Su <u>Patrimonio</u> se calcula sumando todos sus Activos menos sus Pasivos. Esto servirá como un punto de referencia de su fortaleza financiera.

David Mendez V.

- Utilice la hoja de calculo: "Hoja de Patrimonio" (Tabla I & II)

Tabla I

Hoja de Patrimonio

Patrimonio Estimado: $0

Pasivos	Valor Estimado
Préstamos	
Hipoteca Principal	
Segunda Hipoteca	
Préstamo de Auto	
Líneas de Crédito (Bien Raíz)	
Préstamo de Estudiante	
Otros Prestamos	
Deuda Revolvente	
Tarjetas de Crédito	
Otras Deudas	
TOTAL Pasivos	$

Activos	Valor Estimado
Artículos Personales	
Casa	
Vehículos	
Joyería	
Obras de Arte	
Mobiliario	
Electrónicos	
Antigüedades	
Otros	
Efectivo / Inversiones Líquidas	
Cuenta de Cheques	
Cuenta de Ahorros (Savings)	
Certificados de Deposito (CDs)	
Mercado de Dinero (Money Market)	
Seguro de Vida (Cash Value)	
Otros	
Inversiones	
Cuentas de Retiro (401k, IRA, Roth)	
Bonos	
Fondos Mutuales	
Acciones (Individuales)	
Bienes Inmuebles	
Otros	
TOTAL Activos	$

© Copyright, FPO Consulting, Corp. (02/09)

Tabla II

Guía para la "Hoja de Patrimonio"

Aquí enumeramos algunas preguntas que usted se puede hacer para ayudarle a contestar esta Hoja de Patrimonio.
Recuerde siempre tener un plan de como usar el dinero y las prioridades dentro del presupuesto

Cuentas de Cheques y Ahorros: (Checking & Savings)
Cual es la tasa de interés en estas cuentas? Es esta tasa mas alta que la tasa de inflación?
Para que serán usados estos fondos o para que fin se están ahorrando?

Mercado de Dinero / Cuentas de Inversiones o Corretaje (MM/ Brokerage-Trading Account)
Cual es el rendimiento de esta cuenta relativo al Mercado? (S&P500 = (-41%) últimos 12 meses)
Como escogió las inversiones dentro de estas cuentas?
Para que serán usados estos fondos o para que fin se están ahorrando?

401(k):
Porcentaje de sus contribuciones? Esta tomando ventaja al 100% de la contribución de su empleador?
Que % le contribuye su empleador y hasta que monto?
En que esta invertido? (Jamás invierta mas del 5% en las acciones de la compañía para la que trabaja)

IRA's & ROTH IRA's:
Cual es el rendimiento de esta cuenta en relación al Mercado? (S&P500 = (-41%) últimos 12 meses)
Ultima vez que rebalanceo las inversiones?

Otras Inversiones:
Porque eligió las inversiones dentro de estas cuentas? Para que serán usados estos fondos?
Cual es el rendimiento de esta cuenta relativo al Mercado? (S&P500 = (-41%) últimos 12 meses)

Bienes Raíces de Alquiler o Inversión:
Con que fin se adquirieron este(os) inmuebles? Inversión, Herencia o para arreglar y vender?

Hipoteca(s):
Montos?, Tasa de interés? Tiempo de terminación?

HELOC o Línea de Crédito:
Con que fin se pidió? Consolidación de deuda? Remodelación? Problemas de flujo de efectivo?

Créditos Fiscales (Tax Check):
Recibe usted cada año un cheque del fisco? Es esto por diseño o circunstancial?
Sabia usted que cada exempción equivale a $600 por año = $50 por mes

© Copyright, FPO Consulting, Corp. (02/09)

Flujo de Efectivo (liquidez), Entradas y Salidas (Ingresos vs. Gastos)

- <u>Entradas</u>: Son todos los ingresos: sueldo, bonos, comisiones y todo el efectivo que entra con regularidad (semanal, mensual o anual)

- <u>Salidas:</u> Se refiere a todos los gastos: cuentas, pagos y todo lo que sale con regularidad (semanal, mensual o anual).

- <u>Flujo de Efectivo</u>: Uno de los primeros pasos para alcanzar la independencia financiera es manejar con eficacia el balance o diferencia entre las <u>Entradas y Salidas</u>. La mayor parte de personas gastan primero y luego ahorran lo que les ha sobrado. Lo correcto es el proceso contrario; separar primero la cantidad a ahorrar y posteriormente gastar el resto.

- <u>Ahorro</u>: Se define como la cantidad de dinero que se guarda para destinarlo a una meta específica o inversión futura.

- Un <u>Presupuesto</u> le ayudará a separar una cantidad fija de dinero destinada a cumplir sus objetivos. También le dará una idea de lo que usted tiene a la mano para gastar o invertir y en donde puede hacer recortes, ayudándole así a equilibrar su presupuesto actual y proyectarlo a futuro.

- A pesar de lo difícil y atemorizante que esto pueda sonar, es algo que tiene que hacerse antes de empezar su planeación financiera.

Beneficios Financieros del Empleado

- Use los estados de cuenta y beneficios que recibe de su empleador/patrón, esto le servirá para obtener información de sus cuentas e ingresos de manera detallada.

Tiempo (Horizontes de Tiempo)

- Con base en su edad y a sus metas, éstos pueden ser de 1 a 3 años, 4 a 7 años, 8 a 12 años, 13 a 18 años y +18 años.

- Este aspecto es muy importante, sobre todo, al llegar al punto de decidir cuanto y en dónde se va a invertir.

Situación Fiscal

- Se recomienda buscar la asesoría de un contador (CPA) o de una firma de contabilidad (como HR Block). Sus impuestos pueden ser un gran aliado o trabajar en su contra, y pueden hacer la diferencia entre lograr o no sus metas.

- Es muy importante conocer su "Tasa Tributaria Real" (Effective Tax Bracket).

Proceso de Planeación Financiera

- Uno de los sistemas más complejos que se han desarrollado, es el Código Fiscal del IRS. Por lo general con 2,000 a 6,000 cambios por año, lo que hace difícil mantenerse al día.

- Existen tres simples reglas que debe seguir para determinar donde colocar su dinero con la finalidad de utilizarlo correctamente en el futuro, aprovechar al máximo el manejo correcto del Impuesto sobre el Ingreso (Income Tax), tanto en sus ingresos actuales, como futuros o durante el retiro.

- Esto es conocido como "Triangulo de Control Fiscal". Utilícelo como parte importante de este proceso. (Tabla III) (Ilustración II)

No sabemos exactamente a que nivel estará la tasa fiscal cuando nos jubilemos dentro de 5, 10 o 30 años, y como la planificación financiera se basa más en una ciencia cierta que en la suerte, no vamos a intentar adivinar el futuro. Una cosa que debemos hacer es colocar nuestro dinero de manera que podamos controlar (de ahí el nombre) el monto de los impuestos que pagaremos en el futuro, esto dependerá de donde retiremos nuestro dinero.

Es aconsejable consultar con su contador o asesor fiscal, antes de tomar cualquier decisión importante, pero las reglas son muy simples... tratar de mantener todos los lados del triángulo equilibrados.

Dentro de los círculos hay ejemplos de las inversiones y cuentas que se pueden utilizar para fines fiscales y en la caja al lado del círculo se explican los efectos, ventajas y desventajas de esta opción.

Tabla III

Tasas Fiscales Históricas*		
Década	Tasa Marginal mas Baja	Tasa Marginal mas Alta
1930's	1%	79%
1940's	4.4%	94%
1950's	17.4%	92%
1960's	14%	91%
1970's	14%	71%
1980's	11%	70%
1990's	15%	39%
2000's	10%	42%
Retiro	?	?

David Mendez V.

Ilustración II

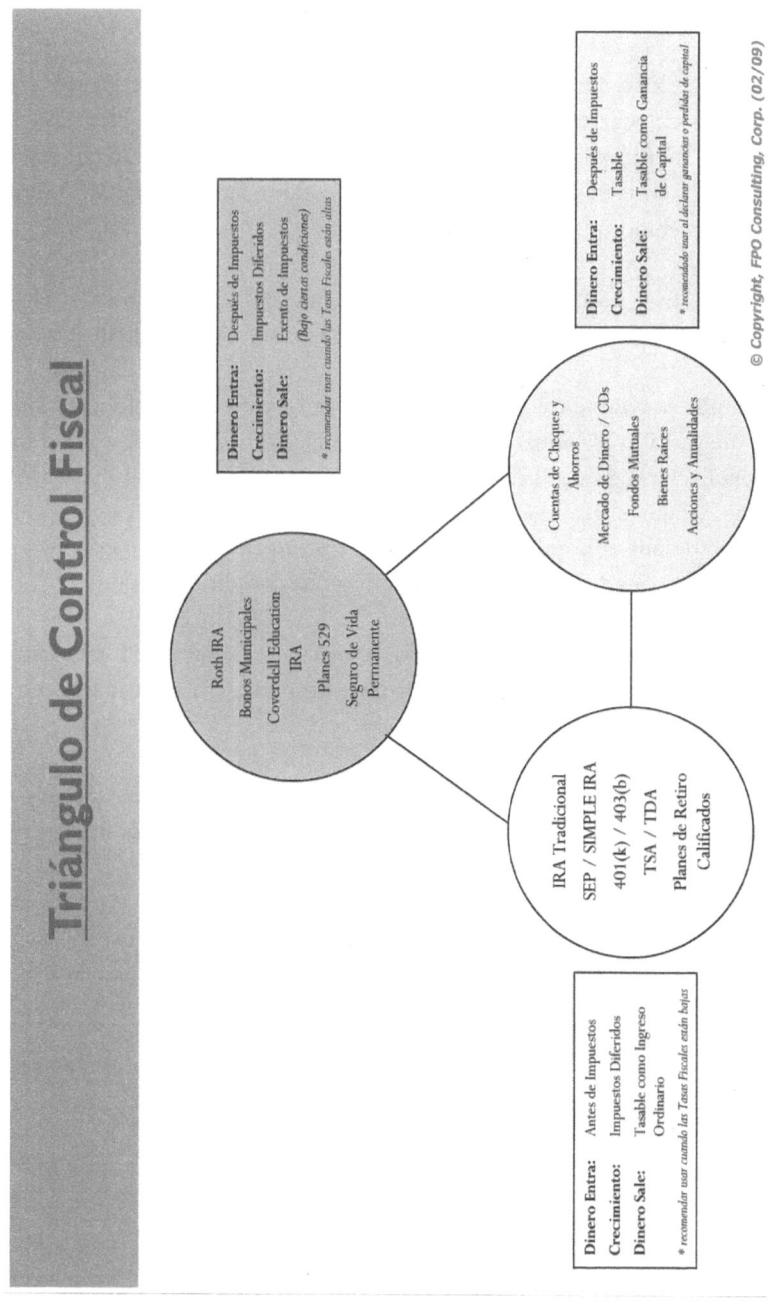

CAPÍTULO III

Estrategia y Planeación de Metas

Reservas de Efectivo y Ahorros a Corto Plazo

- El secreto del ahorro es muy simple: Páguese a si mismo primero.

- Las deudas pendientes deben de pagarse cuanto antes, sin embargo, es vital seguir ahorrando al mismo tiempo. Si usted llegara a perder su fuente de ingresos teniendo deudas pendientes y poco o nada de ahorro, estaría enfrentando una combinación desastrosa.

- Reserve dinero mensualmente para aquellas cuentas por pagar con vencimiento a un año. Por ejemplo: Si usted tiene que hacer un pago anual para su seguro de auto por $600, incluya $50 por mes en su presupuesto y verá que será más fácil pagar dichas deudas.

- Si usted está pagando una deuda mensualmente, cuando termine de pagarla, ahorre dicho pago mensual y destínelo a una de sus metas. Por ejemplo: un préstamo de coche, al terminar de pagarlo, siga ahorrando el dinero mensualmente y trasfiéralo a una de sus metas (Usted ya vive dentro de ese presupuesto y ¡¡¡no es necesario hacer mayores sacrificios!!!)

- Una de los errores más comunes de las personas, es que comienzan a gastarse el dinero en su mente antes de ganarlo. Así que, si está pensando en una compra, inclúyala en su presupuesto, así podrá determinar si es posible ahorrar para ella. De esa forma usted no entrará en más deuda cuando realice la compra.

- No se asuste al hacer un presupuesto, la gente que hace y sigue un presupuesto, ahorra en promedio el doble que aquellos que no lo hacen.

En estos tiempos difíciles, usted no querrá ir recogiendo monedas de las cabinas telefónicas, por lo que debe contar con una red de protección financiera para cuando se presente una emergencia. Un manera de protegerse, es estableciendo lo que llamamos Reservas de Efectivo, que no es otra cosa que establecer un monto fijo de ahorro para emergencias.

¿Cuánto es suficiente?

La mayoría de los profesionales financieros, sugieren, que usted tenga ahorrado en su Reserva de Efectivo el equivalente de tres a seis meses de sus gastos de sustento. Sin embargo, la cantidad correcta deberá calcularse en base a sus circunstancias personales, y ésta dependerá simplemente, de la cantidad de efectivo que usted pueda liberar en su presupuesto. Evite en lo más posible aquellos gastos no vitales (gastos discrecionales).

También es importante tomar en cuenta si usted tiene seguro de discapacidad o cobertura de paro en su trabajo; esto cubrirá ciertos gastos, por lo que necesitará tener menos en sus reservas.

Nota: Su línea de crédito (tarjetas de crédito) puede ser una manera de resolver emergencias. Recuerde que el dinero prestado tiene que pagarse eventualmente (a menudo con tasas de interés altas). Como consiguiente, usted debería considerar el crédito como un último recurso.

(Encontrará más información sobre este tema en el Kit: Todo sobre su Crédito, Hipotecas y Más)

Proceso de Planeación Financiera

Creando su Reserva de Efectivo.

Al presupuestar sus ahorros como parte de los gastos de sustento de su hogar, posiblemente tendrá que reducir sus gastos discrecionales: comer fuera, ropa o zapatos (no esenciales), entretenimiento, electrónicos, etc.

También puede liberar un poco de dinero de su salario en el renglón de impuestos. Es muy fácil saber si usted esta pagando de más: si usted recibe un cheque por devolución de impuestos al final de año…usted está pagando impuestos de más.

Analice su recibo de pago (paystub) y cambie sus retenciones (exemptions) para liberar algún dinero efectivo. Siempre es aconsejable consultar a un especialista fiscal antes de cualquier cambio, o a su gerente de HR.

Aquí están algunos ejemplos de ahorros fiscales:

<u>30 deducciones de impuestos comúnmente pasadas por alto</u>

1) Contribución de $5,000 al IRA del cónyuge que no trabaja.
2) 45% de las primas por Seguro Médico, si usted trabaja por su cuenta.
3) Registro y licencia del Auto (siempre y cuando estén basadas en el valor del vehículo).
4) Gastos del Auto a razón de 49.2 centavos por milla. Los tickets de estacionamiento y peajes también son deducibles.
5) Deducción por vehiculo ambiental o que utilice energía alternativa.
6) Gastos por el nacimiento de un hijo, clases para el parto o de paternidad y pastillas anticonceptivas.
7) Gastos por el traslado entre su residencia principal y su lugar de trabajo temporal.
8) Membresías de grupos profesionales o sindicatos.
9) Deducción por comisiones de retiro anticipado en CDs o inversiones.
10) Gastos de educación para mantener o mejorar las habilidades de uno en su trabajo.
11) Anteojos para la vista, aparatos auditivos y lentes de contacto.

12) Impuestos pagados en Acciones Internacionales o Bonos Internacionales.
13) Pérdidas de juego, lotería, subastas, bingo o apuestas en casinos.
14) Mejoras a la vivienda principal realizadas por recomendación médica para mejorar una condición de salud.
15) Gastos de viaje imprevistos.
16) Intereses pagados hasta $2,500 en préstamos estudiantiles.
17) Gastos legales relacionados con el cobro de un ingreso no cubierto.
18) Gastos de hospedaje hasta $50 viajando por razones médicas u para obtener tratamiento médico.
19) Costo de la parte B de Medicare como un gasto médico.
20) Intereses pagados de Hipotecas, Impuestos Inmobiliarios y otros impuestos pagados al vender una casa.
21) Intereses pagados de Hipotecas, Impuestos Inmobiliarios y otros impuestos pagados al comprar una casa.
22) Los gastos médicos de los padres si usted aporta más de la mitad del dinero para su sustento.
23) Impuestos pagados sobre la propiedad de autos, navíos, motocicletas, etc.
24) Pago de sanciones o multas por retraso en pagos de hipotecas.
25) Costos de transporte, franqueo y gastos incurridos por la búsqueda de empleo.
26) Renta de una Caja de Seguridad en un Banco.
27) Herramientas especiales utilizadas en su trabajo.
28) Ropa especial requerida en su trabajo.
29) Subscripción a revistas o publicaciones profesionales dentro de la actividad en la que se desarrolla.
30) Honorarios por el cálculo y la presentación de sus impuestos.

Donde guardar su Reserva de Efectivo.

Usted quiere estar seguro que su reserva de efectivo esté disponible para cuando la necesite. (Liquidez)

Proceso de Planeación Financiera

Siempre busque cuentas en instituciones financieras aseguradas por la FDIC (seguro federal contra las quiebras bancarias). Las cuentas de ahorros normalmente tienen bajo rendimiento y no son su única opción. Las cuentas del mercado de dinero y los CDs a corto plazo, típicamente ofrecen tasas de rendimiento más altas que las cuentas de ahorros con poco o casi ningún incremento de riesgo. Sin embargo, existe la desventaja de las penalizaciones por retiros tempranos o anticipados (antes de que se cumpla el plazo de vencimiento) y de cargos que el banco le hace por manejo de cuenta.

De este modo, si usted va a utilizar inversiones de plazo fijo como parte de su reserva de efectivo, querrá estar seguro de tener la posibilidad de disponer de los fondos sin incurrir en penalizaciones innecesarias, o excesivos gastos de mantenimiento de cuenta, por lo que sugerimos escalonar las fechas de vencimiento durante un período de uno a seis meses.

Creando su Reserva de Efectivo.

Hay varias maneras de lograrlo, lo ideal es escalonar el efectivo por orden de liquidez. Esta decisión se basa en la liquidez necesaria para cumplir con ciertas emergencias y/o gastos imprevistos. Para ello utilizaremos un esquema de tres niveles o escalones.

El <u>Primer nivel</u> o escalón, maneja el flujo de efectivo con fondos totalmente líquidos, para el caso de que algo inesperado suceda. Se sugiere mantenerlo en su cuenta de cheques o de ahorros con acceso a girar cheques o por medio de tarjetas de débito. En algunos casos se puede utilizar también una cuenta de ahorros de alto rendimiento. Es recomendable tener entre el 20-25 % de su reserva de efectivo en este nivel inicial. Una vez totalmente cubierto, usted comenzará a ahorrar en el siguiente grado o nivel.

El objetivo del <u>Segundo nivel</u> o escalón, es ganar un poco más de interés que el primero. Sirve para poder equilibrar el efecto negativo de la inflación. Los fondos deben permanecer en una cuenta razonablemente "líquida" que no tenga penalizaciones o cargos por retiros, aunque en la mayoría de éstos casos, el acceso a los fondos requiere de 3 días hábiles de espera. Usted también puede usar cuentas del Mercado de Dinero o CDs Bancarios. Una vez que este nivel esté totalmente cubierto, podrá comenzar a ahorrar para el siguiente. Es recomendable tener entre el 25-30 % de su reserva de efectivo en este nivel intermedio.

El <u>Tercer nivel</u> o escalón, por lo general más orientado a inversiones y por lo tanto es menos líquido. Este nivel, no es para cubrir necesidades inmediatas de efectivo, ya que para eso tiene los dos primeros niveles como "colchón". Un Fondo de Bonos de Inversión (Fondo Mutual) o una cuenta de Corretaje, pueden usarse para este propósito. Recuerde que debe tomar poco o ningún riesgo, por lo que las inversiones de plazo fijo cubrirán sus objetivos

David Mendez V.

a corto plazo, obteniendo un rendimiento adecuado sin demasiado riesgo. Una vez cubierto este último nivel, usted podrá ahorrar o invertir para alcanzar otras metas de su plan. Es recomendable tener por lo menos el 40 % de su reserva de efectivo en este último nivel.

Nota: asegúrese de utilizar Instituciones Financieras aseguradas por el FDIC o el SIPC

CAPÍTULO IV

Gestión de Riesgos (Seguros)

Muchas personas tienen sentimientos adversos respecto a los seguros en general, y no es para menos. Los Agentes de Seguros no tienen la mejor reputación, parte porque trabajan 100 % comisionados y parte porque tienden a ser muy agresivos...vender por vender. También hay que considerar el factor emocional, ya que el asegurarse implica pensar en una pérdida de cierto tipo, de vida, de propiedad, de salud, o incluso la capacidad de generar ingresos.

Tristemente, el adquirir seguros es un "mal necesario", pero que le ahorrará grandes dolores de cabeza en el futuro, al proteger todo lo que ha logrado en años de duro trabajo y paciente ahorro.

Iniciemos la conversación hablando del Seguro de Vida, ya que es el más común de los seguros. Existen varios tipos de Seguro de Vida, pero el Seguro de Término (Plazos) y Seguro Permanente son las dos sub-divisiones principales.

El Seguro de Término, es como el pago de una renta por un determinado número de años, (regularmente 1, 5, 10, 15 o 20). Lo que sucede en estos X años, es que tiene un pago fijo de la prima del seguro, básicamente, usted está pagando más en la primera mitad de la póliza y menos en la segunda. El Seguro de Término es muy flexible y tiene muchos usos; puede ser cancelado en cualquier momento sin incurrir en penalizaciones. Desgraciadamente las estadísticas indican que sólo se paga en el 2% de las ocasiones.

Por otra parte, el Seguro Permanente, es un compromiso a largo plazo donde usted básicamente paga de más en su póliza; es decir, parte del pago de su prima cubre su seguro de vida (como en el Seguro de Término) y el remanente del pago va a subcuentas donde el dinero se invierte y va creciendo con el tiempo. El "valor de realización" (cash value) que se incorpora a la póliza, al ser retirado, por medio de un préstamo en contra de la póliza, bajo ciertas restricciones y distribuido conforme a la ley fiscal, es pagado al beneficiario libre de impuestos sobre el ingreso.

¿Qué monto de Seguro de Vida necesito?

Hay dos maneras de calcular esta cantidad: una, está basada en la NECESIDAD, la otra, en el VALOR DE VIDA HUMANA. Es tan malo estar sin seguro o tener cobertura insuficiente, como estar sobre-asegurado. Al ajustar su cobertura de seguros pagará lo justo y tendrá dinero extra para utilizarlo en otros objetivos.

Sin entrar en mayores detalles, usemos un simple método para calcular estas cantidades. Su NECESIDAD, es básicamente lo que usted tendrá que dejarle a su familia al morir para cubrir las responsabilidades y gastos inmediatos.

Por ejemplo; sume todas sus responsabilidades (Tarjetas de Crédito, Hipotecas, pago de auto, cuentas médicas, etc.), más gastos de funeral y cualquier otra necesidad inmediata, que a corto plazo, el cónyuge que sobrevive tendría que cubrir (pago de colegio para los hijos, etc.). Generalmente uno puede cubrir estas necesidades con un Seguro de Término o una combinación de Término y Permanente, ya que las responsabilidades disminuirán con el tiempo y las pólizas de Seguro de Término pueden ser modificadas anualmente (de modo que usted puede ahorrar el dinero en pago de primas de seguro). Los términos más comunes son 1, 5, 10, 15 o 20 años; y es recomendable tomar un término similar a los plazos de sus responsabilidades.

$$\begin{aligned}
&\text{Obligaciones y deudas (\$450,000)} \\
&+ \text{Costos de funeral (\$15,000)} \\
&+ \text{Educación para el hijo A e hijo B (\$120,000)} \\
&= \$585,000
\end{aligned}$$

El VALOR DE VIDA HUMANA (VVH), se utiliza para calcular el pago por daños en los juzgados, por lo general, es una cantidad muy alta. Un agente de seguros normalmente le preguntará qué es lo que usted quiere cubrir para su familia, consideramos, que ésta es una pregunta tendenciosa e injusta, ya que jamás hemos encontrado a ALGUIEN que NO quiera proteger a su familia al máximo.

Proceso de Planeación Financiera

Esta es una acción común en la industria de seguros con el objeto de incrementar el monto final que le venderán en la póliza, obviamente, sin tomar en cuenta sus otras metas o su situación financiera; lo más seguro es que el agente regrese con una propuesta de una póliza de millonaria para maximizar sus comisiones.

Le recomendamos no utilizar las hojas de cálculo de las páginas Web de compañías de seguros, ya que están diseñadas para dar cantidades más altas de las necesarias.

Este es el método más sencillo para calcular su VVH. Si usted puede adquirir una póliza mayor, considere tener cubiertos todos los aspectos de su plan antes de comprometerse a un pago mensual alto.

*Ingreso Actual Neto * Años restantes antes del retiro + cantidad basada en la NECESIDAD = VVH*
*($55,000 * 35) + 585,000 = 2.5 millones*

En nuestra experiencia, lo recomendable es escoger una cantidad entre su VVH y su NECESIDAD. Puede usar una combinación del Seguro de Término con el Seguro Permanente (siempre es lo mas recomendable), y no usar una sola póliza grande para cubrir todas las necesidades; incluso el tener dos o tres pólizas cubriendo diferentes necesidades y obligaciones es, en la mayoría de los casos, lo más adecuado.

Las pólizas de seguros tienen "niveles de descuento", por lo general a los $250,000, $500,000, 1 millón y 5 millones. Si va a tomar una póliza de $585,000 basado en su monto de NECESIDAD (como en nuestro ejemplo); lo ideal es tomar una póliza de Seguro Permanente para los primeros $500,000 y una póliza de Seguro de Término por los restantes $85,000. La póliza de término puede ser reducida o cancelada cuando sus obligaciones y necesidades se reduzcan al pasar de los años, ahorrándole entre 15 y 20% en pagos mensuales de primas de seguro.

¿Qué tipo de póliza de Seguro es la mejor para mi?

Hay muchas opciones, pero para el 95% de la gente, las pólizas de Seguro de Término y las Permanentes, en sus modalidades: Whole Life (WL), Universal Life (UL), Variable Life (VL) y Variable Universal Life (VUL), son más que suficiente. Antes de que usted se siente con un agente, consulte estos diagramas que hemos diseñado para ayudarle en su decisión. (Ilustración III & IV)

Ilustración III

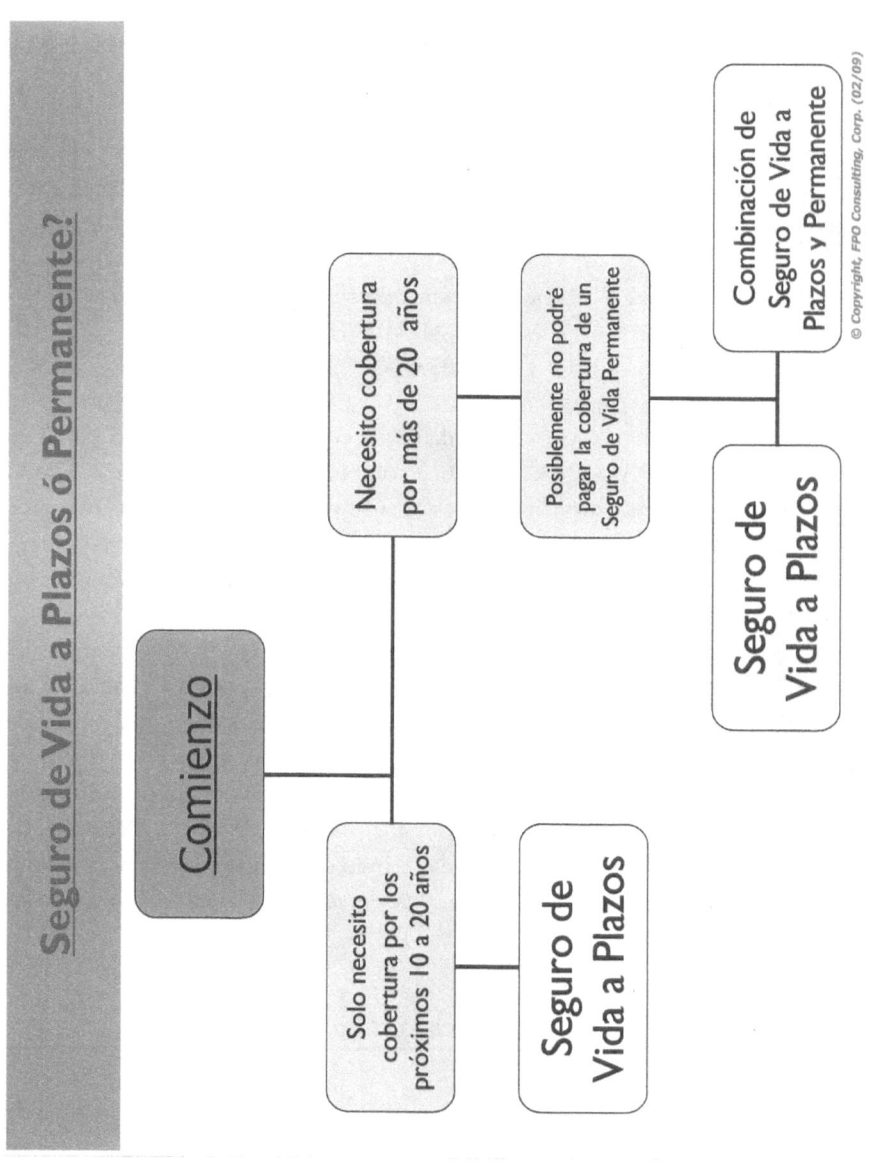

Proceso de Planeación Financiera

Ilustración IV

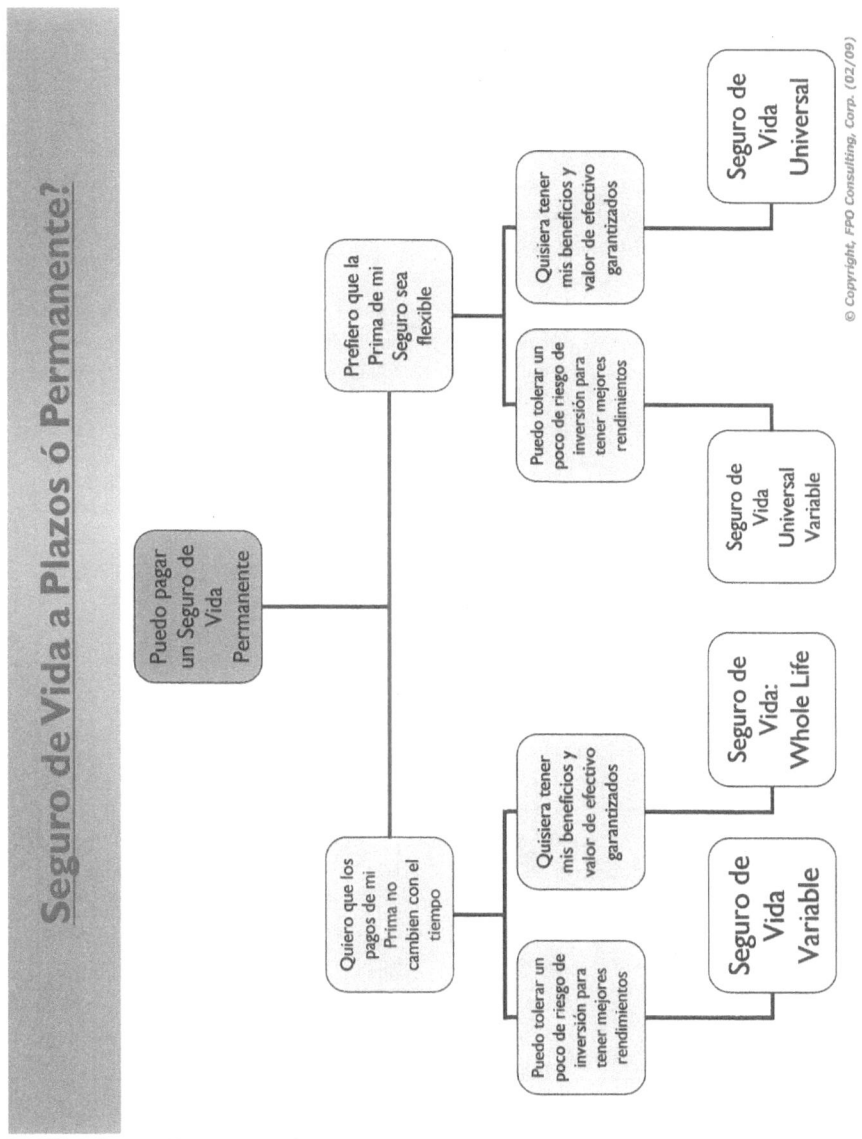

(Encontrará más información sobre este tema en el Kit Avanzado: Seguros de Vida, DI y LTC)

David Mendez V.

Seguro de Incapacidad (DI)

Es una póliza que provee ingresos al asegurado cuando éste no puede trabajar por motivos de incapacidad, enfermedad o lesión. La mayoría de los patrones lo proporcionan y está vinculado a los beneficios del Seguro de Incapacidad del Seguro Social (SS).

Hay muchos aspectos útiles sobre el Seguro de Incapacidad que usted debe conocer. Uno de ellos, y el más importante, es que su cobertura de Invalidez de Grupo a través de su patrón no le cubre completamente (por lo general no más que 60 % de su sueldo y usted tiene que pagar impuestos sobre los beneficios del seguro).

También está el hecho de que algunas pólizas sólo cubren invalidez a corto plazo y otras, cubren solo términos más largos. A fin de tener un conocimiento más amplio y ayudarle a tomar una mejor decisión, hay que examinar estas pólizas y sus elementos principales. (Tabla IV)

Tabla IV

Seguro de Incapacidad de Grupo vs. Seguro de Incapacidad Individual:

GRUPO	INDIVIDUAL
El 100% de las primas son pagadas por el empleador con ingresos antes-de-impuestos	Las primas son pagadas por el beneficiario
El 100% de los beneficios son gravables al beneficiario	100% de los beneficios son libres de impuesto al beneficiario
Comienzan a pagar beneficios normalmente a los 7 días y lo hacen por periodos cortos	Los tiempos de espera varían desde 30, 60, 90 y hasta 180 días
El proceso de revisión del reclamo es mucho más estricto y en la mayoría de los casos no autorizan los beneficios completos	Las revisiones son menos rígidas que las pólizas de grupo y pagan en la mayoría de las veces

Otros aspectos a considerar:

- La incapacidad proveniente del Seguro Social sólo paga si esta usted TOTALMENTE incapacitado y después de solicitarlo por lo menos 3 veces, así que no cuente con éste ingreso en el primer año.

Proceso de Planeación Financiera

- A mayor tiempo de espera, menor costo de la póliza. También reduce el costo si se incluyen los beneficios del Seguro Social (SS Benefits Rider)

- Incluya el ajuste COLA al 4% o al % de la inflación esperada en el siguiente año, esto le ayudará a mantener su poder de compra.

- Aunque tenga una póliza individual…<u>NO</u> cancele la de Grupo ofrecida por su patrón. Normalmente las pólizas de grupo son más económicas.

(Encontrará más información sobre este tema en el Kit Avanzado: <u>Seguros de Vida, DI y LTC</u>)

Seguro de Cuidado a Largo Plazo (LTC Insurance)

Lo más importante sobre el Cuidado a Largo Plazo, por lo menos en los Estados Unidos, es que es muy costoso. El cuidado en una Clínica de Ancianos (Asilo de Ancianos) representa el gasto individual más grande en personas de más de 65 años.

El sistema Medicare no está diseñado para cubrir a la gente en esta etapa, por lo menos no correctamente. Además, la única manera para calificar en Medicaid es cuando usted no cuenta, ni con bienes, ni ahorros. Los Seguros de Cuidado a Largo Plazo, también son ofrecidos por empresas de seguros, casas de asistencia o empresas privadas; estos, están diseñados para cubrir el hueco dejado por estos dos sistemas gubernamentales.

Los costos del Cuidado a Largo Plazo, en promedio, llegan a ser de $65,000 por año.

- ¿Qué debe de ofrecer una buena póliza de Seguro de Cuidado a Largo Plazo?

- Pregúntese lo siguiente:

  - ✓ ¿Cubre el cuidado de una enfermera calificada? (Enfermera de tiempo completo)

- ✓ ¿Cubre el cuidado intermitente de una enfermera calificada? (Uso ocasional de una enfermera)

- ✓ ¿Cubre el cuidado de Custodio? (estar bajo el cuidado de alguien sin entrenamiento médico)

- ✓ ¿Que beneficios diarios están disponibles? ¿En qué momento se hacen efectivos después del reclamo?

- ✓ ¿Cubre condiciones preexistentes? ¿Que periodo de espera tienen estas condiciones?

- ✓ La póliza debe ser emitida por una compañía con calificación nominal de A+ o mayor

- ✓ Y lo más importante de una póliza, es que pueda usted pagarla ... esa es la mejor póliza para usted

Otro modo de cubrir las necesidades del Cuidado a Largo Plazo, es un ahorro extra durante su vida, para así tener suficiente dinero para cubrir estos gastos. Y como todas las recomendaciones de ahorro, entre más pronto comience mejor.

Usted puede utilizar parte de sus ahorros hacia este objetivo y complementarlo con una póliza más económica al final.

(Encontrará más información sobre este tema en el Kit Avanzado: Seguros de Vida, DI y LTC)

CAPÍTULO V

Educación

El ahorro para la educación de los hijos es un objetivo muy común, por lo general es uno de los más complicados y que consumen más tiempo y recursos. La mayor parte de los padres comienzan a ahorrar para la educación de sus hijos porque lo consideran como una de sus responsabilidades principales, y están impacientes por comenzar tan pronto el bebé nace. Sin embargo, pocos se dan cuenta de los costos y lo complejo que puede ser este objetivo. La razón es que hay demasiadas opciones. En nuestra experiencia, muchas de ellas no son adecuadas para cubrir este objetivo de ahorro.

La universidad normalmente se paga con una combinación de ahorro y de ayuda financiera. La ayuda financiera proviene del gobierno o instituciones privadas, en forma de préstamos al estudiante, subvenciones, becas y becas de trabajo. Los préstamos a estudiantes y las becas de trabajo deben ser reembolsados, mientras que las subvenciones y becas de estudiante no.

La ayuda financiera tiene dos categorías adicionales: una esta basada en la necesidad y la otra en el mérito. La ayuda financiera es determinada por FAFSA (por sus siglas en ingles), que es la Aplicación Federal para Ayuda Financiera Estudiantil. Usando una compleja fórmula, el gobierno federal determina lo que es llamado el EFC (contribución esperada familiar). El EFC es la cantidad mínima de dinero que usted debe contribuir al pago del colegio/universidad, esto, para ser aprobado a obtener ayuda financiera.

Es importante no confundir el EFC con la necesidad financiera del estudiante. La necesidad financiera del estudiante esta determinada por el costo total del colegio/universidad, menos el monto del EFC. Las cuentas de retiro y la equidad de la residencia principal no están consideradas en esta fórmula.

(Visite http://apps.collegeboard.com/fincalc/efc_welcome.jsp para calcular su EFC)

(Encontrará más información sobre este tema en el Kit: <u>Planeación y Financiamiento para la Educación</u>)

Aquí está una lista de los instrumentos comúnmente utilizados para ahorrar/invertir en este objetivo:

Seguros de Vida:

Uno de los métodos más eficaces para proteger a su familia de la incertidumbre, es tener la suficiente cobertura a través de sus seguros de vida y de incapacidad, dejando así, al cónyuge sobreviviente, con la cantidad suficiente para cubrir todos los gastos inmediatos, que, junto con la generación de ingresos provenientes de las inversiones, les permitirá mantener su estilo de vida.

También debe calcular que estas pólizas cubran sus deudas y que sean capaces de solventar otros gastos inmediatos. Esto es muy importante y se debe analizar cuidadosamente, ya que afectará a otras áreas del plan.

(Encontrará más información sobre este tema en el Kit Avanzado: <u>Seguros de Vida, DI y LTC</u>)

Programas de Ayuda Federal a estudiantes:

- Stanford Loan: La más común, préstamo a bajo interés (subsidiado durante el periodo escolar), tasa del 6.8% (Promedio)

- Perkins Loan: préstamo a bajo interés para estudiantes con grandes necesidades de financiamiento, tasa del 5% (Promedio)

- PLUS Loan: préstamo Federal para los padres, inclusive, si estos cuentan con un pobre historial de crédito, tasa del 8.5% (Promedio)

- Subvenciones PELL y SEGOG: Subvenciones a estudiantes sin graduarse con necesidades financieras muy específicas.

Cuenta de retiro IRA Coverdell:

- Aportaciones limitadas a $2,000 por año, tiene ciertas restricciones para calificar basadas en el ingreso familiar

- Muy Flexible, ya que el dinero se puede invertir en una variedad de fondos mutuales e inversiones diversas.

- El EFC se ve afectado en 5.6%, ya que las aportaciones son hechas con el ingreso de los padres.

Cuenta de retiro ROTH IRA:

- Utilice esta opción cuando se tiene un solo hijo; puede utilizarse para otro propósito si el hijo decide no estudiar.

- Aportaciones limitadas, además de ciertas restricciones para calificar basadas en el ingreso familiar.

- El dinero debe ser ahorrado y mantenido en la cuenta por lo menos 5 años para no incurrir en sanciones fiscales.

- Muy Flexible, ya que el dinero se puede invertir en una variedad de fondos mutuales e inversiones diversas.

- El EFC se ve afectado en 0%, esto por considerarse una cuenta de retiro y no de ahorro escolar.

Planes de ahorro 529:

- Mejor opción si se tienen dos o más hijos.

- Aportaciones limitadas a $12,000 por año.

- Existe la opción de hacer una aportación inicial de $60,000 (un solo pago).

- El EFC se ve afectado en 5.6%, ya que las aportaciones son hechas con los ingreso de los padres.

Comenzar a Tiempo es la Clave:

Los gastos de colegio/universidad se han incrementado en 7% a 8% anualmente, en promedio, durante la última década. Esto es casi el doble que el incremento de la inflación en el mismo periodo.

Los colegios/universidades estatales, en promedio, cuestan $12,000 por año, las escuelas fuera del estado de residencia del estudiante, se acercan más a los $40,000 por año.

Esta tabla muestra la cantidad ahorrada, suponiendo una cantidad fija mensual, invertida al 6% de rendimiento, comenzado a cierta edad y continuando hasta que el niño alcanza los 18 años de edad:

Tabla V

Edad actual del niño	$100 al mes	$200 al mes	$300 al mes	$400 al mes
0	$38,735	$77,471	$116,208	$154,941
4	$26,231	$52,462	$78,693	$104,924
8	$16,388	$32,776	$49,164	$65,552
10	$12,283	$24,566	$36,849	$49,132
14	$5,410	$10,820	$16,230	$21,640

CAPÍTULO VI

Retiro

El retiro es la etapa final en la vida de uno, es un punto decisivo para la mayoría de la gente, y con mayor razón actualmente, que vivimos cada vez más años activos.

Hay varias preguntas que se deben realizar antes de efectuar un plan para el retiro:

- ¿A qué edad planea usted retirarse?

- ¿Qué estilo o nivel de vida, espera o quiere usted tener en el retiro?

- ¿Cuál es su esperanza de vida (longevidad)?

Tenemos que tomar en cuenta varios factores para hacer cálculos correctos, el principal factor es la Inflación (entre el 4 y 5% anualmente), el Riesgo de Inversión y la Longevidad, son otros. El aplazamiento del gravamen sobre los intereses y ganancias de las cuentas de retiro, puede marcar una diferencia significativa en su capacidad de conseguir la independencia financiera...o no. La mayor parte de planes de jubilación ofrecen este beneficio, algunas pólizas de seguros de vida con valor de efectivo, también ofrecen beneficios similares.

(Encontrará más información sobre este tema en el Kit Avanzado: El Retiro y los Impuestos)

David Mendez V.

Necesidades de ingresos:

En promedio, se necesitara entre el 60 y 70% de los ingresos percibidos antes de retirarse, esto para mantener el mismo nivel de vida en el retiro. Algunos gastos disminuirán (pagos de hipoteca, etc.), pero otros aumentarán (gastos médicos, etc.).

Aquí hay que considerar que se comenzará a recibir, en algunos casos, pagos del Seguro Social o de pensiones privadas.

(Encontrará más información sobre este tema en el Kit: <u>Planeación para el Retiro</u>)

Determine un Objetivo (cantidad en dinero), Asuma una tasa de rendimiento y determine los Ahorros mensuales o anuales necesarios para llegar a esa meta.

¿Cuál es la herramienta correcta para ahorrar?

- <u>Planes de Jubilación proporcionados por el patrón o empleador:</u>

    - ✓ Regulados por ERISA (por sus siglas en ingles) y altamente protegidos de los acreedores del patrón y del empleado.

    - ✓ Poderosos instrumentos de ahorro (401k, 403b, 457b).

    - ✓ En aportaciones (ahorro) y ganancias (intereses sobre las aportaciones), los impuestos se difieren hasta que éstos son retirados de la cuenta.

    - ✓ El empleador, normalmente, iguala las contribuciones del empleado hasta cierto % (varía de empresa a empresa).

    - ✓ Una vez que el dinero se retira de la cuenta, será gravado como Ingreso Ordinario a su más alto tabulador.

    - ✓ El rango de inversiones y fondos mutuales disponibles son limitados y en ocasiones inapropiados.

- <u>Cuentas IRA-Tradicionales:</u>

  - En caso de calificar, las aportaciones y ganancias serán gravadas de manera diferida.

  - Existen limites en las aportaciones, estas dictadas por el nivel de ingresos del titular de la cuenta; entre más gana, menos puede contribuir.

  - Una vez que el dinero se retira de la cuenta, será gravado como Ingreso Ordinario a su más alto tabulador.

  - El rango de inversiones y fondos mutuales disponibles es muy amplio.

  - Los retiros de la cuenta realizados antes de cumplir 59½ años, estarán sujetos a penas y gravámenes fiscales.

  - Normalmente existe una pena del 10%, más el pago de impuestos sobre el ingreso, al tabulador más alto del titular de la cuenta, sobre el monto total retirado de la cuenta.

- <u>Cuentas Roth IRA's:</u>

  - Las aportaciones no son deducibles, pero éstas y las ganancias son gravadas de manera diferida

  - Existen limites en las aportaciones, estas dictadas por el nivel de ingresos del titular de la cuenta; entre más gana, menos puede contribuir.

  - El rango de inversiones y fondos mutuales disponibles es muy amplio

  - Los retiros de la cuenta realizados antes de cumplir 59½ años, estarán sujetos a penas y gravámenes fiscales.

  - Normalmente existe una pena del 10%, más el pago de impuestos sobre el ingreso, al tabulador más alto del titular de la cuenta, sobre el monto total retirado de la cuenta.

- <u>Cuentas Roth 401(k):</u>

  - ✓ Las aportaciones son deducibles. Se puede también contribuir a un IRA tradicional o a un ROTH ($5,000 x año)

  - ✓ Los retiros antes del 5to aniversario de la cuenta o antes de los 59½ años estarán sujetos a penas y gravámenes

  - ✓ Normalmente existe una pena del 10%, más el pago de impuestos sobre el ingreso, al tabulador más alto del titular de la cuenta, sobre el monto total retirado de la cuenta.

  - ✓ Distribuciones (Retiros) obligatorias después de los 70½ años de edad, excluyendo la parte del ROTH, esta parte de la cuenta puede ser transferida a un Roth IRA-Rollover.

- <u>Anualidades y Seguros de Vida:</u>

  - ✓ Las aportaciones no son deducibles, pero éstas y las ganancias son gravadas de manera diferida. No hay límites en el monto de las aportaciones.
  - ✓ Impuestos serán pagados sobre las partes de distribuciones (retiros) que tengan ganancias.
  - ✓ Los retiros de la cuenta realizados antes de cumplir 59½ años, estarán sujetos a penas y gravámenes fiscales.
  - ✓ Normalmente existe una pena del 10%, más el pago de impuestos sobre el ingreso, al tabulador más alto del titular de la cuenta, sobre el monto total retirado de la cuenta.

La mayor parte de personas están muy preocupadas por sus perspectivas para el retiro. Más del 70 % cree que no tendrán suficiente dinero en el retiro.

Uno de los factores que contribuyen a la incertidumbre es el Seguro Social (SS). A mediados de los años 70's dos terceras partes de la población estaban confiadas en que los beneficios del SS estarían disponibles en el momento de su retiro. En los años 80's sólo un tercio pensaba lo mismo. Las dos terceras partes dijeron que ellos no confiaban que el SS estaría disponible, y si estuviera, no sería adecuado para proporcionarles un nivel de vida razonable.

Sin embargo, parece haber un acuerdo generalizado entre la población en que, para ser económicamente independiente en el retiro, se requiere ahorrar mientras se trabaja y generan ingresos, aún si esto significa el sacrificio de algunos objetivos de corto plazo a lo largo del camino

Fuente: *Social Security Administration, the Office of Policy, Income of the Population 55 or older 2004, table 3.1; released May 2006.*

Acta de Protección a Pensiones del 2006:

Es un acta que generó un gran cambio a la ley de impuestos, enfocándose, en fortalecer los fondos de pensiones. La mayor parte de la Ley de Protección de Pensiones, está diseñada para obligar a los empleadores a mejorar sus planes de pensiones. Esto es, debido a que muchos de los fondos de pensiones se encontraban bajos en liquidez, algunos incluso sin los fondos mínimos requeridos por la ley. Esto es muy grave, ya que significa que las prestaciones de jubilación podrían exceder los fondos disponibles, dejando a los fondos sin efectivo y poder pagar a los beneficiarios.

La Ley de Protección de Pensiones de 2006, exige a los planes de pensiones estar financiados en su totalidad durante un período de siete años a partir de 2008.

<u>Disposiciones Claves:</u>

- IRA y Planes Calificados tienen ahora límites de contribuciones permanentes

- 2006 contribución MÁXIMA $4,000 en los IRA's y $15,000 en los 401(k)

- 2007 contribución MÁXIMA $5,000 en los IRA's y $15,500 en los 401(k)

- 2006-2009 contribuciones extras de $1,000 en los IRA's (mayores de 50 años)

- 2006-2007 contribuciones extras de $5,000 en los 401(k) (mayores de 50 años)

- Si se está aún trabajando para la empresa donde se encuentra su pensión, las "disposiciones durante servicio" están permitidas.

- Ventajas fiscales de los Planes 529 ahora son permanentes.

- Distribuciones calificadas, están ahora libres de impuestos, mientras se utilicen para gastos de educación superior.

Otras Disposiciones:

- Los planes manejados por Empleadores ahora pueden ser trasladados (Rollover) a un Roth IRA.

- La contribución MÁXIMA de los IRA & 401(k) se ajustará año con año conforme a la inflación del año anterior.

- La contribución EXTRA de los IRA & 401(k) se ajustará año con año conforme a la inflación del año anterior.

Actualizaciones para el 2009:

- <u>Límites de Contribuciones a los Planes:</u>

  ✓ 401(k) hasta $16,500 en lugar de $15,500.

  ✓ IRA & ROTH IRA se quedan en $5,000.

  ✓ Planes de Beneficios hasta $195,000 en lugar de $185,000.

  ✓ Planes de Contribución Definida hasta $49,000 en lugar de $46,000.

  ✓ Mínimo para calificar para un SEP/SIMPLE ahora es de $550 en lugar de $500

- <u>Límites de Contribuciones Extras: (para mayores de 50 años de edad)</u>

- ✓ 401(k), 457, 403(b) hasta $5,500 en lugar de $5,000.

- ✓ IRA & ROTH IRA quedan igual en $6,000.

- ✓ Planes SIMPLE quedan igual en $2,500.

- ✓ Limites de "Compensación Anual" suben a $245,000 en lugar de $230,000.

- ✓ Definición de "alta compensación" ahora es de $110,000 en lugar de $105,000.

CAPÍTULO VII

Manejo de Activos (Inversiones de renta variable)

El objetivo del Manejo de Activos o Inversiones, es el de establecer y mantener, un portafolio correctamente diversificado y equilibrado dentro de una sana tolerancia de riesgo, coordinado con su situación fiscal y objetivos. Usted debe estar consciente de que no existe la palabra garantía, sobretodo cuando hablamos de rendimiento y retornos de inversión.

No existe ninguna inversión sin riesgo, cada inversión tiene un grado de riesgo específico. Existen métodos para manejar el riesgo de las inversiones, pero no para desaparecerlo por completo. El riesgo sistémico por otra parte (Riesgo de Mercado), no puede ser evitar en su totalidad.

Como mencionamos anteriormente, la <u>Diversificación</u> es el principio básico a seguir en un plan de inversión, esto ayudará a minimizar su riesgo en general, manteniendo retornos adecuados a sus necesidades y objetivos.

Aquí tiene otros ejemplos de diversos tipos de riesgos y cómo manejarlos:

Riesgo Inflacionario

- Anteriormente hablamos de este tipo de riesgo cuando establecimos su reserva de efectivo. Las inversiones de tasa fija, incluidas en su reserva de efectivo, puede que no superen la tasa de inflación anual, reduciendo así su poder adquisitivo (valor del dinero). Lo indicado es buscar inversiones con rendimientos que le mantengan por arriba de la inflación esperada para ese año.

Riesgo de Rendimiento

- El cambio en la tasa de interés interbancaria, normalmente afecta los precios de los bonos, cuando ésta tasa sube, los precios de los bonos bajan y viceversa. La elección correcta en el plazo de sus obligaciones (bonos), combinado con el rendimiento que ofrezcan, es una combinación a veces difícil de obtener, pero necesaria para minimizar este tipo de riesgo.

Riesgo Específico

- Afecta sólo a una actividad o rama específica de una industria. Por ejemplo, las Acciones de compañías de energía, responden más rápido y de manera más volátil a cualquier cambio en los precios del petróleo; en cambio los precios de Metales Preciosos o Acciones de tecnología, se verán menos afectados. Una diversificación apropiada, mantendrá este riesgo bajo control.

Riesgo Económico

- Algunos sectores de la economía se adaptan rápidamente a cambios del mercado, otros no lo hacen. Algunas industrias son cíclicas y están correlacionadas con otras y pueden ser afectadas de manera diferente. Una diversificación apropiada mantendrá este riesgo bajo control.

Riesgo de Mercado

- No hay manera de evitar este riesgo en su totalidad, ya que afecta a la mayoría de los sectores de la economía en el mismo periodo de tiempo. Vivimos actualmente una recesión económica, en la cual, los mercados de valores y las inversiones que presentan fundamentos mas sólidos, se recuperaran más rápido y se mantendrán en una constante alza, logrando así, salir más pronto de este ciclo negativo. Si usted no reacciona emocionalmente, y permanece dentro de estos fundamentos de inversión, se posesionará correctamente para el futuro. Vera que las cosas comenzarán a verse mejor y mucho más pronto.

Proceso de Planeación Financiera

Conociendo su Riesgo

La mayor parte de las personas con las que me encuentro tienen el concepto de riesgo mal definido. Riesgo no significa solo perder dinero.

Mucha gente tiene todo su dinero en una cuenta de ahorros o un CD bancario, y la razón detrás de esto, es que no quieren tomar ningún riesgo y perder dinero. Otros ponen todos sus esfuerzos y ahorros en comprar una casa…de nuevo, para evitar el riesgo, ya que un bien inmueble se considera una inversión "segura".

Pues les tengo malas noticias a todos aquellos que manejan sus finanzas personales de esa manera: Están tomando probablemente más riesgo que un inversionista bien diversificado en la bolsa de valores. ¡¿Cómo?!…Es muy simple, el riesgo está en todas partes, pero saber a que tipo de riesgo se esta usted enfrentando y por consecuencia utilizar el método apropiado para manejarlo, es la única manera de minimizar el riesgo en sus inversiones.

El nivel de riesgo que usted debe tomar depende de varios factores: edad, horizonte de tiempo y objetivo de la inversión.

Podríamos hablar por horas acerca de esta materia ya que existen innumerables estudios sobre este tema. Así que, si nos permite, le sugeriremos aplicar el método que hemos usado en los últimos años con la mayoría de nuestros clientes. Conteste por favor el <u>Cuestionario de Tolerancia de Riesgo</u> en CADA UNO DE LOS OBJETIVOS para los cuales usted planea ahorrar, ya que el horizonte de tiempo y el objetivo en si, pueden variar entre ellos.

Cuestionario de Tolerancia al Riesgo:

El manejo de las inversiones personales es un tema difícil. La clave para invertir es la comprensión de los principios y fundamentos con los cuales se deben conducir sus decisiones de inversión. Estos son: Conocerse a si mismo, comprender el riesgo, estar diversificado; invertir en productos de bajo costo y que manejen los impuestos de manera eficiente; invertir a largo plazo, saber en que se invierte y con quien se esta invirtiendo. No pierda demasiado tiempo, energía y dinero tratando de superar a cada vuelta al mercado de valores, aunque disponga de mucho tiempo, energía y dinero; el solo invertir en productos de alta calidad y con personas e instituciones de alto perfil es un buen comienzo. El tener claros sus objetivos y presupuesto, y por supuesto, contar con un plan escrito de las inversiones es crucial.

Si se siguen estos principios, tanto en el desarrollo, construcción y supervisión de su portafolio de inversiones, tendrá más posibilidades de obtener éxito, lo cual le ayudará a alcanzar sus metas personales y de inversiones.

Conózcase a si mismo

En los principios: <u>Conociéndose a si mismo y la comprensión del riesgo</u>, es importante entender cuánto riesgo está uno dispuesto a tomar. Esta es una reflexión que toma tiempo y que a veces se dificulta. Para ayudarle en este proceso, hemos creado una prueba de tolerancia al riesgo. En general, las empresas financieras tendrán su propia prueba, muchas veces creadas con el objetivo de demostrar que invertir en sus productos es lo más adecuado. Aquí no tenemos tendencias hacia ningún producto en particular. El objetivo de este ejercicio es ayudarle a comprenderse a si mismo.

¿Como crear su plan personal de inversiones? Este plan se ve afectado por múltiples variables: Su estado emocional desempeña un papel importante. Intelectualmente, es posible que este de acuerdo en que las acciones y bonos deben ser una parte importante de su portafolio. Emocionalmente, sin embargo, puede que no esté conforme con la naturaleza volátil de los mercados accionarios y de los bonos. Además, sus ingresos, fondo de emergencia, inversiones actuales, sus experiencias pasadas; todos estos factores tienen un impacto en su capacidad de tolerancia al riesgo.

La tolerancia al riesgo varía en cada inversionista. De hecho, dos individuos con idénticos objetivos de inversión, plazo y recursos financieros, pueden tener una diferente capacidad de tolerancia al riesgo. No es fácil medir la escala de tolerancia (o la intolerancia) para el riesgo. Del mismo modo, no hay ningún conjunto de términos claros que signifiquen lo mismo para todos los inversionistas.

Entendiendo la "Tolerancia al Riesgo"

Definir su nivel de tolerancia al riesgo es muy importante. Esto le dará la posibilidad de construir el portafolio más adecuado para ayudarle a alcanzar sus metas futuras, dentro de su zona de confort. Este breve ejercicio le ofrecerá información en cuanto a sus sentimientos hacia el riesgo. Asimismo, categorizar algunos de los factores comunes que determinan su capacidad para asumir riesgos. Estos factores incluyen la edad, ingresos, número de

Proceso de Planeación Financiera

dependientes y edades, ahorros actuales y los conocimientos generales de las inversiones.

Hay que tomar en cuenta, que no hay un modelo único para la prueba de tolerancia de riesgo. Hemos propuesto el siguiente ejercicio para darle directrices generales y ayudarle a comprender su nivel adecuado de tolerancia de riesgo. No esta de más sugerirle que tome una o dos pruebas, esto para comparar los resultados con los de nuestra prueba. Seguramente será una experiencia que le abrirá los ojos.

Otro propósito de este ejercicio, es ayudarle a determinar la asignación de activos para su plan de inversiones.

Su Meta: Asignación de Activos (Asset Allocation)

Como mencionamos anteriormente, el propósito principal de este ejercicio, además de la comprensión de su tolerancia al riesgo, es ayudarle a usted a determinar la Asignación de Activos a incluir en su plan de inversiones (portafolio). Este punto, es uno de los más importantes en su proceso de planeación, porque es lo que definirá el retorno estimado de los intereses (rendimiento).

El proceso para determinar su asignación de activos consta de tres pasos.

(1) Determine su asignación inicial de acciones y bonos (y efectivo).
(2) Llene el cuestionario de tolerancia al riesgo.
(3) Basándose en los resultados del cuestionario de tolerancia al riesgo, efectúe la asignación final de las diferentes clases de activos, para incluirlos en su plan de inversiones.

1. Determine su asignación inicial de activos.

Hay una regla general utilizada en la planificación financiera, y es que el porcentaje de asignación inicial invertida en bonos, es igual a su edad. Así de simple.

La lógica es la siguiente: los inversionistas mayores de edad, en general, tendrán menos intención de aceptar el riesgo de las acciones u otro tipo de inversiones de renta variable, en cambio, asignarán más bonos a su portafolio con el objeto de reducir su nivel de riesgo. Por otro lado, el inversionista más joven, que tiene un horizonte de tiempo más largo, puede tomar un mayor nivel de riesgo.

2. Complete el Cuestionario de tolerancia al riesgo, esto le será útil para ajustar su asignación inicial. Una vez determinado el porcentaje inicial de acciones y bonos, el siguiente paso es ajustar el porcentaje de asignación de inversiones en función de su tolerancia individual al riesgo. Esta prueba de tolerancia al riesgo es la segunda parte del proceso de asignación. (Tabla VI)

3. Asignación final dentro de cada una de las principales clases de activos: acciones y bonos y efectivo.

El paso final es determinar qué clases de activos incluiremos dentro del portafolio; es decir, que tipo de capitalización: grande, mediana o pequeña, Sectores como: Bonos Internacionales, Mercados Emergentes, fondos de cobertura, etc.

Lo sé, suena complicado, pero hemos incluido en el plan, una tabla que le ayudará a decidir esto en cinco minutos. Modelos de Asignación de Inversiones

(Esto se describe con más detalle en el Kit de "Inversiones Básicas" y también en el Kit Avanzado de "Construyendo su Portafolios de Inversiones")

Preguntas:

1. **EDAD:** ¿Cual es su edad actual?

    1. 65 (o más de 65)
    2. 45 a 64
    3. 35 a 44
    4. 25 a 34
    5. 24 (o más joven)

Proceso de Planeación Financiera

> Por lo general, entre más joven, uno esta dispuesto a tomar mayores riesgos. Su horizonte de tiempo es más largo y esto permitirá que sus activos crezcan más. En general, a largo plazo, los activos invertidos en el mercado de valores han superado a otras clases de activos, incluyendo Bienes Raíces. Así que, si esta usted entre los 20 y 35 años, debería pensar en tomar un poco más de riesgo. Una regla en la industria financiera es que usted debe incluir en su portafolio un porcentaje de bonos igual a su edad actual.

2. **Horizonte de Tiempo:** ¿Que tiempo tiene para completar esta meta?

    1. 1 año
    2. 2-5 años
    3. 5-10 años
    4. 10-20 años
    5. 20 años o más

> Mientras usted tenga horizontes de tiempo diferentes para cada objetivo, usted debe considerar invertir el dinero de manera diferente para cada uno de ellos. Hay que recordar que el dinero en la bolsa de valores esta sujeto a un mayor riesgo. Generalmente, si su horizonte de tiempo es menor de 3 años, puede no ser una buena idea invertir una cantidad importante en la bolsa de valores. El horizonte de tiempo tendrá un impacto definitivo en el nivel de riesgo que usted tomará.

3. **Metas de Inversión:** ¿Cual es su objetivo principal en esta inversión en particular?

    1. Preservación de Capital
    2. Ingreso Corriente
    3. Crecimiento e Ingreso
    4. Crecimiento Conservador
    5. Crecimiento Agresivo

> Sus objetivos, y su presupuesto, afectan la mayor parte de las áreas de sus finanzas personales. Si su objetivo es la seguridad de Capital, usted querrá tomar muy poco riesgo. Por lo tanto, usted debería invertir acorde con su objetivo y tolerancia de riesgo. Si su objetivo es el crecimiento agresivo, usted querrá tomar mucho más riesgo. La importancia de sus objetivos y voluntad de cumplirlos, le llevará a tomar un poco mas de riesgo, balanceando así el nivel de riesgo hacia su tolerancia personal.

4. **Ingresos Personales:** ¿Considerando su ingreso actual, que espera que suceda en el futuro?

    1. Que Disminuya dramáticamente en el futuro
    2. Que Disminuya ligeramente en el futuro
    3. Que sea estable
    4. Aumente al mismo paso de la inflación
    5. Aumente dramáticamente

> Sus ingresos son parte importante de su programa de inversión. Si usted piensa que sus ingresos disminuirán en el futuro, usted querrá probablemente tomar menos riesgo, contrariamente a que si usted piensa que sus ingresos aumentarán dramáticamente. Sus expectativas sobre la capacidad de ingreso futuro, tendrán un impacto en su portafolio de inversiones y su tolerancia al riesgo.

5. **Fondos de Ahorros (Emergencias):** ¿Que cantidad de dinero tiene usted reservado para emergencias?

    Recuerde que esto no incluye: líneas de crédito o tarjetas de crédito, pero incluye, efectivo en cuentas corrientes y de ahorros, certificados de depósito (CDs), fondos del Mercado Monetario (Money Market) y fondos mutuales; es decir, aquellos donde se pueda acceder rápidamente a los fondos.

    1. Nada
    2. Suficiente para cubrir tres meses de gastos
    3. Suficiente para cubrir seis meses de gastos
    4. Suficiente para cubrir nueve meses de gastos

Proceso de Planeación Financiera

5. Suficiente para cubrir mas de doce meses (un año) de gastos

> Mientras mas dinero tenga usted ahorrado, y pueda utilizarlo como un fondo de emergencia, tendrá una mayor capacidad de tomar riesgo adicional. Generalmente, con sus primeras inversiones, usted debería tomar poco riesgo. Conforme sus activos y experiencia crezcan, usted deberá aumentar su nivel del riesgo.

6. **Experiencia de Inversión:** ¿Que enunciado describe mejor su experiencia en cuanto a inversiones?

    1. Nunca he invertido ningún dinero en el Mercado de valores o en un instrumento financiero
    2. Soy un inversionista relativamente novato, solo he invertido por un par de años
    3. He invertido dinero por algún tiempo en IRA o planes de retiro como un 401(k) por más de 2 años y me siento confiado en desarrollar estrategias adicionales a las que tengo actualmente
    4. He invertido por un mas de 5 años y estoy confiado en mi habilidad para tomar decisiones prudentes en cuanto a mis inversiones
    5. He invertido mi dinero por mas de 10 años y tengo el conocimiento suficiente para saber como funcionan los mercados financieros y de valores

> Mientras mas dinero tenga usted ahorrado, y pueda utilizarlo como un fondo de emergencia, tendrá una mayor capacidad de tomar riesgo adicional. Generalmente, con sus primeras inversiones, usted debería tomar poco riesgo. Conforme sus activos y experiencia crezcan, usted deberá aumentar su nivel del riesgo.

7. **Riesgo de Inversión:** ¿Cuál es su punto de vista sobre el "Riesgo", en que tipo de inversión le seria más cómodo invertir?

    1. Invertir en cuentas de ahorro, CDs o instrumentos financieros a plazo fijo asegurados por la FDIC
    2. Invertir en cuentas de ahorro, CDs y en bonos de plazo variable y/o fondos mutuales de bonos

David Mendez V.

3. Invertir en una amplia gama de acciones y bonos de fondos mutuales, pero sólo de la más alta calidad
4. Invertir principalmente en acciones de valores en crecimiento y fondos mutuales varios
5. Invertir en compañías nuevas y emergentes con crecimiento agresivo en los mercados de valores

> La mayor parte de los inversionistas experimentados, pueden, con una sola mirada, ver claramente que nivel de tolerancia de riesgo tiene usted en sus inversiones. Si solo invierten en CDs u otros instrumentos "seguros", probablemente no van a tomar mucho riesgo en general, pero si invierten en fondos agresivos y acciones internacionales, esto indica que tienen una tolerancia mayor al riesgo.

8. **Preferencias de inversión:** ¿Por cual instrumento de inversión se inclinaría usted a la hora de invertir?

    1. Esta inversión tiene un promedio de rendimiento anual del 4% en los últimos 20 años. Ha logrado estos rendimientos con pocos y leves descensos. Esta inversión casi nunca experimenta un rendimiento negativo.
    2. Esta inversión tiene un promedio de rendimiento anual del 6% en los últimos 20 años. Ha logrado una mayoría de rendimientos positivos, aunque ha presentado retornos negativos en períodos menores a un año.
    3. Esta inversión tiene un promedio de rendimiento anual del 8% en los últimos 20 años. Ha logrado estos rendimientos con algunos descensos moderados por periodos de menos de seis meses. Ha sufrido retornos negativos por periodos de mas de 12 meses.
    4. Esta inversión tiene un promedio de rendimiento anual del 10% en los últimos 20 años. Ha logrado estos rendimientos con varios períodos por arriba de la media y otros períodos de rendimientos negativos de 18 a 24 meses.
    5. Esta inversión tiene un promedio de rendimiento anual del 12% en los últimos 20 años. Ha alcanzado estos rendimientos en varios períodos estando sustancialmente por encima de la media y períodos de retorno sustancialmente negativo con duraciones de mas de 24 meses.

> Generalmente, para un mayor rendimiento, se requiere tomar un riesgo más alto. Si usted se siente cómodo con un rendimiento inferior y con menos posibilidades de rendimientos negativos, usted debería colocar su portafolio acorde con este nivel de riesgo. Es muy importante considerar el factor del horizonte de tiempo.

Puntaje:

Ahora, sume los números de cada una de sus respuestas para obtener un total. Esto le indicará su nivel de tolerancia de riesgo, y como deberá invertir su dinero para esta meta específica.

- Muy Conservador   (8 a 11 puntos)
- Conservador   (12 a 19 puntos)
- Conservador-Moderado   (20 a 28 puntos)
- Moderado Agresivo   (29 a 35 puntos)
- Agresivo   (36 a 40 puntos)

Cláusula de exención de responsabilidad:

> *El propósito de este material es para ayudarle a obtener información y ayudarle en su camino hacia la autosuficiencia financiera. Si considera que hay fallas en su contenido, por favor notifíquenos y haremos lo posible para corregirlos en las próximas versiones. Cualquier obligación, responsabilidad o reclamaciones de pérdidas financieras por el uso directo o indirecto de este material esta fuera del alcance de nuestra responsabilidad.*

Asignación de sus Activos

Una vez que usted termine su <u>Cuestionario de Tolerancia al Riesgo</u> tendrá una mejor idea del tipo de Inversiones y Modelo de Asignación de Activos que necesita para ese objetivo en particular. Recuerde no mezclar los ahorros del retiro con el fondo de educación o con su reserva de efectivo diaria. Cada objetivo debe tener su propio portafolio de inversiones para que crezca apropiadamente y no tome riesgos de más.

David Mendez V.

Con el resultado del Cuestionario, usted podrá determinar que nivel de riesgo debe tomar en su portafolio:

- Muy Conservador (8 a 11 puntos)
- Conservador (12 a 19 puntos)
- Conservador-Moderado (20 a 28 puntos)
- Moderado Agresivo (29 a 35 puntos)
- Agresivo (36 a 40 puntos)

Utilice la tabla de <u>Modelos de Asignación de Inversiones</u> para ver la diversificación específica a usar basada en los resultados del <u>Cuestionario de Tolerancia al Riesgo</u>. (Tabla VI)

(Esto se describe con más detalle en el Kit de <u>"Inversiones Básicas"</u> y también en el Kit Avanzado de <u>"Construyendo su Portafolios de Inversiones"</u>)

Tabla VI

Modelos de Asignación de Inversiones

Conservador (3-7 años)	
Acciones	20%
Bonos Internacionales	10%
Bonos	35%
Efectivo/Plazo Fijo	35%

Conservador (7-12 años)	
Acciones	20%
Bonos Internacionales	15%
Bonos	35%
Efectivo/Plazo Fijo	30%

Conservador (12-18 años)	
Acciones	25%
Bonos Internacionales	20%
Bonos	35%
Efectivo/Plazo Fijo	20%

Conservador (18+ años)	
Acciones	20%
Bonos Internacionales	25%
Bonos Plazo Intermedio	35%
Efectivo/Plazo Fijo	20%

Para una asignación MUY-CONSERVADORA ajuste la exposición de Acciones por un 10% agregándole 10% a las porciones de Bonos

Dada la presente situación en los mercados de valores, estos modelos están recomendados para el año 2010 y el primer trimestre del 2011.

Moderado-Conservador (3-7 años)	
Acciones - Large Cap	19%
Acciones - Small Cap	7%
Acciones Internacionales	30%
Bonos Internacionales	22%
Bonos de Nivel de Inversión	22%

Moderado-Conservador (7-12 años)	
Acciones - Large Cap	18%
Acciones - Mid Cap	7%
Acciones - Small Cap	7%
Acciones Internacionales	27%
Bonos Internacionales	22%
Bonos de Nivel de Inversión	12%
Bonos Plazo Intermedio	7%

Moderado-Conservador (12-18 años)	
Acciones - Large Cap	20%
Acciones - Mid Cap	10%
Acciones - Small Cap	7%
Acciones Internacionales	23%
Bonos Internacionales	28%
Bonos de Nivel de Inversión	12%

Moderado-Conservador (12-18 años)	
Acciones - Large Cap	23%
Acciones - Mid Cap	12%
Acciones - Small Cap	7%
Acciones Internacionales	22%
Bonos Internacionales	26%
Bonos de Nivel de Inversión	10%

Moderado Agresivo (3-7 años)	
Acciones - Large Cap	18%
Acciones - Mid Cap	12%
Acciones - Small Cap	7%
Acciones Internacionales	28%
Bonos Internacionales	20%
Bonos de Mayor Riesgo	5%
Bonos de Nivel de Inversión	10%

Moderado Agresivo (7-12 años)	
Acciones - Large Cap	20%
Acciones - Mid Cap	15%
Acciones - Small Cap	9%
Acciones Internacionales	31%
Bonos Internacionales	20%
Bonos de Mayor Riesgo	5%

Moderado Agresivo (12-18 años)	
Acciones - Large Cap	20%
Acciones - Mid Cap	17%
Acciones - Small Cap	9%
Acciones Internacionales	32%
Bonos Internacionales	22%

Moderado Agresivo (18+ años)	
Acciones - Large Cap	21%
Acciones - Mid Cap	19%
Acciones - Small Cap	12%
Acciones Internacionales	30%
Bonos Internacionales	18%

Leyenda:
Moderado Conservador (12-18 años)
Nivel de Riesgo (Tiempo de Inversión)

© Copyright, PRO Consulting, Corp. (02/09)

Agresivo (3-7 años)	
Acciones - Large Cap	18%
Acciones - Mid Cap	12%
Acciones - Small Cap	9%
Acciones Internacionales	45%
Metales Preciosos / Materias Primas	16%

Agresivo (7-12 años)	
Acciones - Large Cap	18%
Acciones - Mid Cap	15%
Acciones - Small Cap	7%
Acciones Internacionales	42%
Metales Preciosos / Materias Primas	18%

Agresivo (12-18 años)	
Acciones - Large Cap	18%
Acciones - Mid Cap	22%
Acciones - Small Cap	5%
Acciones Internacionales	33%
Metales Preciosos / Materias Primas	22%

Es recomendado el rebalancear sus fondos como mínimo una vez por año para que regresen a estos niveles óptimos.

Ejemplo: Si usted esta ahorrando para que uno de sus hijos vaya a la universidad dentro de 10 años y quiere invertir este dinero agresivamente; la mejor asignación para el dinero seria: AGRESIVO (7-12 años)

CAPÍTULO VII

Planeando su legado (Herencia)

A menudo la gente piensa que la planificación de herencias es sólo para la gente rica; los impuestos de sucesión lo son, pero la planificación de herencias es un pilar fundamental en cualquier plan financiero. Un buen plan puede ser la diferencia entre una distribución adecuada de su patrimonio entre sus beneficiarios/herederos o dejarles una larga línea de gastos y problemas a su seres queridos, sin mencionar la buena tajada de pastel que el gobierno se llevará en impuestos y gastos de corte.

La Planificación de Herencias es el proceso de ordenar sus activos de manera que satisfagan sus objetivos financieros, satisfaciendo al mismo tiempo las necesidades de sus sobrevivientes/beneficiarios. Hemos hablado de cómo crear, crecer y conservar sus activos durante su vida, además de cómo asegurarnos, que tenga suficiente cobertura de seguros para pagar las necesidades inmediatas de sus seres queridos en caso de que usted muera. Ahora, nos concentraremos en lo que pasa después, en el como distribuir sus activos y propiedades, 'minimizando el impacto de los impuestos de sucesión en su herencia.

La Planificación de Herencias tiene como objetivo la conservación y transferencia de la propiedad de una persona a otra persona, es el cumplir con la voluntad de la persona haciendo la transferencia al mismo tiempo que se maximizar los beneficios para los sobrevivientes. Es un ejercicio de "preservación de riqueza" a diferencia "de acumulación de riqueza"; en si, es un mapa del patrimonio de una persona mientras vive que muestra el como transferirlo después de su muerte.

Objetivos de la Planeación de su Legado/Herencia

- Asegurarse de cubrir las necesidades financieras de sus sobrevivientes.

- Asegurarse que la propiedad sea distribuida de acuerdo a sus deseos.

- Proteger sus activos del alcance de los acreedores.

- Evitar, los gastos y tiempo perdido asociados con la legalización de un testamento.

- Hacer provisiones para sobrellevar la incapacidad física o mental.

- Minimizar los impuestos a la herencia y de sucesión a nivel estatal y federal.

- Tener una sucesión ordenada en caso de tener un negocio familiar.

¿Que es el Patrimonio?

- Se constituye por todos los derechos, títulos, intereses, efectivo y propiedad de una persona (en vida o fallecida).

- Propiedades en Bienes raíces

- Efectos personales tangibles e intangibles

El límite de exclusión patrimonial sobre el Impuesto de Sucesión para 2009 es de $3.5 millones, cualquier cantidad sobre ésta será gravada en el orden del 45 al 52%. En el 2010 hay una provisión donde los límites se reajustarán, y en ese año no habrá ningún gravamen sobre herencias o sucesión, sin importar el monto del patrimonio. Sin embargo en 2011 los límites volverán a cantidades anteriores al 2006 ($1 millón), a menos que el Congreso apruebe un cambio al respecto.

Aquí están algunos pasos de como hacer un Plan básico para su Legado/Herencia:

Testamento Simple

- Es una declaración hecha por un testador, donde se expresa su voluntad en cuanto a la manera de como será dispuesto su patrimonio después de su muerte. El testamento simple permite que el tribunal encargado de legalizar el testamento (Probate), solicite, que dicha voluntad sea llevada a cabo sin mayor demora.

- Si una persona muere sin haber hecho un testamento (Intestado), la propiedad será distribuida bajo las leyes de sucesión del estado en el que el difunto es residente, en este caso, se tendrá que llevar a cabo un proceso largo y costoso que pondrá a sus seres amados en una posición difícil, especialmente si hay acreedores en espera de cobrar las deudas del difunto. El pago de impuestos y gastos de tribunales es también muy alto.

Testamento Médico

- Documento legal que permite a una persona especificar de antemano, el como debe ser tratado médicamente. Es generalmente utilizado en caso de ser víctima de una enfermedad terminal o discapacidad mental. Estos documentos no son válidos en los estados de Massachusetts, Michigan y Nueva York; en los otros 47 estados están permitidos. Personal medico y familiares deben adherirse a los deseos expresados en el documento.

Poder Revocable o Irrevocable (Durable o Permanente)

- Permite a una persona (principal) autorizar a otra persona (agente) para actuar en su nombre bajo ciertas obligaciones legales, aún, si el principal se encuentra incapacitado (física o mentalmente). Este documento, también da ciertos privilegios al agente en la toma de decisiones financieras, así que uno debe ser muy cauteloso en a quién se ceden estos tipos de poderes.

David Mendez V.

Fideicomisos

- Contrato entre el cedente y el ejecutor de un fideicomiso; el cedente, transfiere la propiedad al fideicomiso para cumplir ciertos objetivos específicos; el ejecutor, maneja y distribuye la propiedad bajo lo especificado por el cedente; todas las decisiones del ejecutor deberán ser hechas en el mejor interés de los beneficiarios.

En mi caso personal, el área de planificación de herencia es realmente sencilla, no tengo activos por arriba de los límites gubernamentales o complicados fideicomisos. Además he utilizado desde el 2007 el software de Quicken Willmaker®. Usted puede realizar todo aquello de lo que hemos hablado, con este sencillo software.

Es posible obtenerlo en línea en:
http://www.amazon.com/Nolo-WQP9R1-Quicken-WillMaker-Plus/dp/1413309674/

(Encontrará más información sobre este tema en el Kit Avanzado: Impuestos en la Planeación de su Legado)

CAPÍTULO IX

Implementando y Monitoreando su plan financiero

Implementación:

- ✓ Recuerde que Riesgo y Rendimiento van de la mano.

- ✓ Pequeñas diferencias en los rendimientos de sus inversiones, crearán una gran diferencia en su ahorro total con el paso del tiempo.

- ✓ La Diversificación es la mejor estrategia para manejar el Riesgo.

- ✓ Algunas Clases de Activos producen mayores rendimientos que otros.

- ✓ Los Planes de Retiro con ventajas fiscales deben ser la prioridad de ahorro sobre otros tipos de inversiónes.

Supervisión:

- ✓ Establezca un sistema de revisiones periódicas, de preferencia cada 3 o 6 meses.

- ✓ Establezca un "Ciclo de retro-alimentación". Comente el plan con su pareja o familia, esto le permitirá hacer el proceso más adaptable y dinámico.

Conclusiones

Recuerde que la planeación financiera debe realizarse cuidando cada paso a lo largo del proceso. Tener un objetivo, hacer un plan, ponerlo en práctica y controlar la dirección del mismo, esto sin duda alguna lo llevará al éxito. Comprométase en alcanzar sus metas, diversifique sus inversiones y tenga a la mano a un buen contador al cual pueda consultar en lo referente a sus impuestos.

La planeación financiera es un acontecimiento que dura toda una vida. Siga estos simples pasos del programa y compleméntelos con la información de los otros paquetes (kits) disponibles, le aseguramos que después de un año, usted será capaz de sentarse y medir realmente cuánto ha avanzado en el cumplimiento de sus objetivos.

Buena suerte y mantenga los ojos abiertos.

Cláusula de Exención de Responsabilidad (Disclaimer)

La información contenida en este material es presentada con fines de educación general y en el entendimiento de que ésta no está destinada a ser utilizada o interpretada como ayuda específica, jurídica, fiscal o asesoramiento en materia de inversión. No toma en cuenta sus circunstancias individuales como inversionista. Las decisiones de inversión deben estar siempre basadas en sus necesidades financieras, objetivos, metas, horizonte de tiempo y tolerancia al riesgo.

La información contenida en esta comunicación, incluidos los archivos adjuntos, pueden servir de apoyo a la comercialización de un producto o servicio en particular. Usted no puede basarse en este material para evadir impuestos o para evitar las sanciones que puedan imponerse en virtud del Código de Rentas Internas (IRS). Consulte con su asesor fiscal o abogado de impuestos en relación con las cuestiones específicas de sus circunstancias. Se recomienda buscar la orientación de su propio asesor legal o fiscal.

La información de este documento es proporcionado por un tercero y ha sido obtenida de fuentes consideradas fiables, pero la exactitud y la integridad no pueden estar garantizadas. Mientras que el editor ha sido diligente en el intento de proporcionar información exacta, la exactitud de la información no puede ser garantizada. Las Leyes y regulaciones cambian frecuentemente, y están sujetas a diferentes interpretaciones jurídicas. En consecuencia, ni el editor, ni ninguno de sus titulares o sus distribuidores será responsable de cualquier pérdida o daños causados, o supuestamente causados por el uso o interpretación de esta información.

Acerca del Autor

Nacido en México, DF. Habiendo vivido la mayor parte de su vida entre la Cuidad de Cuernavaca y el Distrito Federal, emigró a los Estados Unidos por oportunidades profesionales que se le presentaron a principios de esta década. Graduado de una de las universidades más prestigiosas de Latinoamérica, ITESM (Campus Ciudad de México), en el área de Mercadotecnia y Administración, para luego completar un programa MBA mientras trabajaba en una reconocida institución bancaria.

En los últimos siete años, ha adquirido una serie de certificaciones a nivel federal y estatal, que le han dado la posición de Asesor Financiero Certificado, especializándose en Retiro y Materia Fiscal de pequeños negocios. A finales de este 2009 recibirá su certificación CFP®, una selecta distinción en la industria financiera.

Trabajó 5 años como Vicepresidente en una empresa de consultoría para una de las compañías de Tabaco más grandes del mundo, esto antes de regresar a la industria financiera en el 2002. Después de haber estado bajo la guía corporativa de una de las empresas más exitosas, decidió independizarse y especializarse en asesorar a pequeños y medianos negocios.

Al retomar su carrera en la industria financiera, su meta fue siempre el ayudar en todo lo posible as sus clientes y establecer relaciones duraderas con ellos; el dinero, las ventas y comisiones, aunque importantes, jamás tuvieron mayor peso que el aprendizaje y hacer lo correcto por el cliente. La meta de mantenerse delante de sus compañeros y competidores lo llevo a experimentar y conocer todo acerca de cada producto, permitiéndole así, contar con las mejores herramientas y ofrecerles a sus clientes una asesoría de alta calidad.

Los resultados no tardaron en llegar, y la calificación de aprobación de sus clientes alcanzó un 98% (cuando el promedio de la oficina era del 82%). Por lo mismo, los buenos ingresos comenzaron a fluir, y para finales de su primer año había adquirido dos certificaciones, que normalmente, solo asesores en su tercer año pueden incluir en su curriculum.

Pero, tener el una base estable de clientes y un ingreso decente no era suficiente para la empresa, tampoco lo fue el estar entre los cinco mejores de la región; los jefes querían más. Un día al ser llamado a la oficina del director, le informaron que el dedicarle personalmente tanto tiempo a sus clientes no era mas una opción, y que tenia que haber un mayor incremento en sus números de ventas. Esto, no solo disminuía la calidad del servicio que prestaba a sus clientes, sino también mermaba el nivel de supervisión y cuidado en sus transacciones y opciones ofrecidas. Esto no era algo personal, se volvió la norma en la oficina, empresa y en la industria en general.

Mas tarde comprendió el porque los gerentes no podían entender el riesgo de actuar así, aunque eran de la misma edad, ellos jamás habían visto una crisis económica en su vida, para ellos no había manera de que el mercado se desplomara; en sus propias palabras lo decían continuamente: "de que te preocupas, tus clientes están haciendo dinero y jamás van a perder nada, no te alarmes tanto". Esto resonó muy dentro de él y no lo convencía.

El haber vivido tres devaluaciones de moneda y el doble número de crisis económicas mientras crecía en México, le daba la pauta para ser prudente con las sugerencias y transacciones de sus clientes. Tal vez, sus clientes nunca duplicaron o triplicaron su dinero en cuestión de semanas, sin embargo, cuando todo se vino abajo el verano pasado, y el mercado perdió más del 60% de su valor...ninguno de sus clientes perdió más del 25%.

Siempre le escucharas decirle a cuanta gente conoce cosas como: "Nunca tomes por hecho nada de lo que te digan o escuches, siempre has tu tarea e investiga que sea verdad. Los asesores o vendedores de seguros que viven solo por hacer dinero y mantenerse en el cuadro de ganadores, tienen la misma parte de culpa que sus clientes, sobretodo que estos firmaron sin cuestionar lo que se les estaban vendiendo y que no investigaron mas allá. SIEMPRE pida una segunda opinión en cuanto a sus decisiones financieras, lo hacemos todo el tiempo con nuestra salud, consultamos a otro médico si no nos parece el diagnostico del primero…y así debe ser para todo, especialmente la salud y el dinero. Tiene usted el derecho a cuestionarlo todo, no olvide eso."

Para finales del 2008 le causaba cierta vergüenza el presentarse como asesor financiero, ya que para estos entonces la mayoría de las personas culpaba a "Wall Street" por todo lo que estaba ocurriendo. Era lo lógico, y sí, había muchas manzanas podridas dentro del medio, asesores que su meta era tomar riesgos con dinero ajeno, sin tomar en cuenta las reglas básicas del mercado y el sentido común.

Pensó, que si la mitad de los clientes que perdieron la mayoría de sus valores y ahorros, hubiesen tenido una fracción de la información y educación con la que él contaba, hubieran tomado mejores decisiones se hubieran y con superiores resultados.

Básicamente es así como surge la idea de este proyecto educacional e informativo. Parte del reto actual de nuestra industria es de proveer la información adecuada al público en general, especialmente a aquellos que están comenzando su vida independiente. Si no ayudamos a estas nuevas generaciones a posicionarse para poder evitar o enfrentar crisis como la que estamos atravesando, no estaríamos haciendo nuestra labor y seremos culpables si esto se repite de nuevo.

Glosario Financiero

Acciones Apreciadas
Acciones que han aumentado de valor desde el momento de su compra.

Acciones Comunes
Representa una porción de propiedad en una corporación. A través de dividendos y apreciación de capital (aumentos de precio de las acciones), los accionistas comunes pueden participar en las operaciones de la corporación. Esta participación, pudiera presentarse también en operaciones poco rentables, lo que significa que los accionistas pueden experimentar cortes u omisión de dividendos, pero sobre todo depreciación de capital (disminuciones de precio de las acciones).

Acciones de Primera Clase (Blue Chips)
Es la Acción Común de una compañía de escala nacional o internacional, normalmente son compañías que han incrementado sus utilidades y pagado buenos dividendos durante un período largo de tiempo. Empresas con una buena reputación en su manejo administrativo, así como contar con una buena opinión de sus productos y servicios.

Acciones Gubernamentales
Deuda pública que emite el Gobierno Federal, en forma de bonos, notas de crédito, etc. Normalmente puestas a la venta entre las instituciones financieras con la finalidad de recabar fondos para el gasto público.

Acreedor
Individuo o institución que presta dinero a crédito.

Actividades de la vida diaria (ADLs)
Actividades que son necesarias para la vida independiente, incluyendo: vestirse, asearse, alimentarse y moverse (estar de pie, sentado y caminar). Algunas pólizas de seguro de cuidado de largo plazo (LTC) proporcionan prestaciones basadas en la incapacidad de una persona para realizar todas o algunas de estas actividades.

Activo
Todo activo que tenga un valor monetario.

Activo Fijo
Un activo que tiene una vida útil de más de un año. Por Ejemplo: Edificios, terrenos, equipo, mobiliario y otros accesorios.

Activos de Inversión
Activos que son usados para conseguir objetivos a largo plazo, como el acumular para la educación de un hijo o su retiro. Los activos de inversión generalmente incluyen Acciones, Bonos, fondos de inversión (fondos mutuales), anualidades, certificados de depósito, bienes inmuebles, intereses comerciales e inversiones a largo plazo de otros tipos.

Activos de Renta Fija
Activos que generan ingresos fijos a través de instrumentos que pagan tasas fijas, incluyen: certificados de inversión, certificados de depósito, Anualidades Fijas y en si la mayor parte de obligaciones de deuda (Bonos).

Activos de Renta Variable
Activos que pueden representar propiedad. Por ejemplo, las Acciones Comunes, que son parte del capital de una Compañía y que fluctúan de valor al mismo tiempo que proporcionan oportunidad de crecimiento de capital. Estos activos pagan tasas variables de rendimiento ya que invierten en diversos fondos, teniendo como resultado, que en promedio arrojen tasas distintas en cada periodo determinado.

Activos Líquidos
Efectivo o equivalentes en efectivo. Por ejemplo: cuentas de ahorro, chequeras, mercado de dinero o certificados del depósito.

Ajustado por Inflación
El valor de un activo medido en términos de poder adquisitivo. Es la relación entre la tasa que paga un instrumento de inversión, contra su verdadero valor ajustado por el Índice de Inflación.

Ajustes al Costo de Vida (COLAs)
Ajustes a los salarios para compensar cambios del costo de vida, por lo general basados en el Índice de Precios al Consumidor (CPI).

Anualidad
Un contrato que proporciona pagos en periodos anuales.

Anualidad de gravamen diferido No-Calificada
Una anualidad que no es comprada dentro de un plan de jubilación calificado o cuenta IRA. *Ver también la Anualidad Diferida.*

Anualidad Diferida
Contrato comprado a una compañía de seguros, ofrece la ventaja diferir los impuestos de una inversión hasta que las ganancias sean retiradas. Esto se puede adaptar para cubrir las necesidades específicas del individuo durante el retiro.

Anualidad Privada
Promesa a pagar ingresos de por vida a una persona.

Anualidad Protegida de Gravamen
Un plan 403(b) que invierte en una anualidad. *Vea también 403(b) plan.*

Anualidad Protegida de Gravamen en Custodia
Un plan 403(b) que invierte en fondos mutuales. *Vea también plan 403(b).*

Anualizar
El acto de cambiar una anualidad diferida a una anualidad que proporciona pagos periódicos. Generalmente, se permite el retiro ocasional de fondos de una anualidad diferida sin penalización, sin embargo, no debe exceder cierto monto preestablecido en el contrato.

Apreciación
El incremento en el valor de un activo o una inversión.

Asegurador
Persona que determina el grado de riesgo que representa una persona que solicita una póliza de seguro.

Asesor Financiero
Un profesional que ayuda a individuos y negocios. Normalmente, utilizando un proceso continúo que abarca el conocer, analizar, coordinar y ofrecer soluciones en asuntos financieros personales y comerciales; esto con el fin de lograr las metas y objetivos de sus clientes.

Asignación de Activos
Proceso mediante el cual se asignan cierta cantidad de diferentes tipos de activos, determinando así, el objetivo y cualidades del portafolio de inversiones que se destinará para cubrir un objetivo especifico del inversionista.

Asistencia a Largo Plazo
Cuidado continuo consistente en: la ayuda en actividades diarias como aseo, alimentación y movilidad. Estas actividades pueden incluir la asistencia médica proporcionada por personal especializado.

Asistencia medica en casa
Éstos pueden incluir: cuidado de enfermera (no de tiempo completo), logopedia, terapia ocupacional o física, así como algunos trabajos domésticos. La asistencia médica en casa puede ser cubierta por Medicare o su seguro, bajo ciertas circunstancias.

Base Ajustada
Revalorización de un activo que ha sido ajustado por: mejoras, adiciones, aportaciones de capital, amortizaciones, créditos fiscales o la devolución del capital. Se utiliza normalmente, para calcular la ganancia o pérdida en la venta de los activos y sus efectos fiscales.

Base impositiva aumentada
Se refiere a la tasa de impuesto federal sobre el ingreso más alta disponible, se aplica a la propiedad que se transfiera a un heredero después la muerte del propietario.

Beneficiario
Persona designada para recibir los beneficios de una póliza de seguro de vida, plan de jubilación, anualidad o renta vitalicia. También puede ser la persona que recibe un beneficio de un fideicomiso o herencia. El beneficiario puede ser una persona, un fideicomiso, una organización, una empresa u otra entidad física o moral.

Bienes en Común
Propiedad adquirida durante el matrimonio y considerada en igualdad de propiedad por ambos cónyuges, esto en ocasiones varía conforme a las leyes de un estado a otro.

Bienes no-líquidos
Los Bienes no-Líquidos, se refieren a cualquier activo que se asume no será liquidado a la muerte de una persona, pero que estará disponible para futuras necesidades del sobreviviente.

Bono
Son títulos emitidos para financiar una empresa o gobierno. Se emiten por un valor determinado, generalmente, colocándose a la venta con un descuento sobre el valor del título. Durante su vida útil, devengan un interés fijo estipulado de antemano. Al vencimiento se redimen por su valor de titulo. Su plazo mínimo es de un año. Los Bonos son por lo general publicados en valores múltiplos de $1,000.

Bono del Tesoro
Títulos a largo plazo emitidos por la Tesorería de un Gobierno, vendidos al público y que tienen una vencimiento de más de cinco años.

Bono Municipal (Munis)
Fondo Mutual que invierte en bonos municipales. El inversionista en estos fondos recibe dividendos y pagos de intereses que generalmente están exentos de impuestos sobre el ingreso a nivel federal y estatal.

Bonos libres de Gravamen
Son los bonos emitidos por estados, ciudades y otras autoridades públicas; el interés y dividendos pueden ser parcial o totalmente exentos del impuesto sobre ingresos a nivel federal. En algunos casos, esta exención aplica también a los impuestos sobre el ingreso a nivel estatal y/o local.

Cantidad Excluible
Es el valor de los activos protegidos por el Crédito Unificado del Impuesto Federal Sobre Regalos y los impuestos de sucesión (herencias). La cantidad de exclusión máxima a nivel federal es de $3.5 millones en el 2009. Para impuestos a las donaciones la cantidad de exclusión de toda la vida es $1 millón, esto a nivel federal también.

Capital
Dinero

Capital (de trabajo o de inversión)
La cantidad de dinero que es financiada, prestada o invertida a un individuo o negocio. Esta cantidad no incluye los intereses, dividendos u otras ganancias que genere posteriormente.

Capital Líquido Disponible
Usado en el análisis de planificación del patrimonio, se refiere a cualquier activo que se prevé será liquidado a la muerte de una persona y puesto a disposición de los sobreviviente para cubrir necesidades de capital inmediatas.

Cedente
La persona que transfiere propiedad a otra o a un fideicomiso.

Certificado (Titulo)
Inversión disponible en una institución financiera que pagará un rendimiento fijo durante un período especifico de tiempo.

Codicilo (Mandato Testamentario)
Un suplemento o adición a un testamento que puede explicar, modificar, calificar o cambiar las provisiones a un testamento previo. Los mismos requerimientos y formalidades que en la creación de cualquier testamento deben seguirse.

Condiciones Preexistentes
Condiciones médicas que fueron diagnosticadas o que estaban bajo tratamiento antes de comprar una póliza de seguro médico o de hospitalización. Las compañías de seguros, pueden limitar o excluir tales condiciones.

Contrato Prenupcial
Un acuerdo firmado entre dos personas antes del matrimonio, en el cual se limitan ciertos derechos a las propiedades de uno o de ambos.

Costeo de Dólar Promedio
Es la inversión de una cantidad de dinero fija en intervalos preestablecidos. El inversionista compra más acciones cuando el precio es bajo y menos acciones cuando el precio es alto. Esto típicamente causa que el costeo promedio por Acción sea mas bajo que el promedio del mercado en el mismo periodo.

Costos de liquidación del patrimonio
Los gastos incurridos en la distribución de los activos y pago de deudas e impuestos, a consecuencia de la muerte de una persona. Esto incluye los costos de legalización de un testamento, gastos administrativos, pago de hipotecas y deudas personales, gastos de entierro, y declaración de impuestos de sucesión federales y estatales.

Crédito
La habilidad de adquirir bienes o servicios en el presente y retrasar el pago de los mismos a una fecha posterior.

Cuenta en Custodia
Una cuenta establecida en una institución financiera a beneficio de un menor u otra persona incapacitada, manejada por los padres o tutor designado.

Cuenta de ahorros para la educación Coverdell
Plan de ahorros para la educación en la que las aportaciones anuales tienen un máximo de $2,000 por beneficiario, siempre y cuando la persona que aporta el dinero cumpla con ciertos límites de ingresos. Las aportaciones están exentas de impuestos, el gravamen a las ganancias será diferido hasta que el dinero sea retirado de la cuenta. El dinero tiene que ser utilizado para gastos relacionados con la educación superior.

Cuenta Individual de Retiro (IRA)
Plan individual de ahorro para el retiro. La aportación anual máxima para el 2009 es de $5,000. Las personas mayores de 50 años pueden efectuar una aportación extra cada año. El gravamen sobre las ganancias de las inversiones son diferidas hasta que el individuo se retire o comience a tomar distribuciones del plan. Las distribuciones son requeridas después de la edad de 70½ años.
Véase también Cuenta de ahorros de educación de Coverdell, IRA Roth e IRA Conyugal.

Cuenta IRA Conyugal
Plan individual de ahorro para el retiro establecido para el cónyuge desempleado o con ingresos menores. La aportación anual máxima combinada para ambos cónyuges en el 2009 es de $10,000 ($5,000 por cada cónyuge). Las personas mayores de 50 años pueden efectuar una aportación extra cada año. El gravamen sobre las ganancias de las inversiones son diferidas hasta que el individuo se retire o comience a tomar distribuciones del plan. Las distribuciones son requeridas después de la edad de 70½ años.

Cuenta IRA ROTH
Plan individual de ahorro para el retiro. La aportación anual máxima para el 2009 es de $5,000. Las personas mayores de 50 años pueden efectuar una aportación extra cada año. Las contribuciones se consideran hechas con dinero neto (después de impuestos). Las ganancias de inversión son diferidas hasta ser retiradas y no son gravadas. Los retiros de las ganancias acumuladas son libres de gravamen siempre y cuando hayan pasado al menos cinco años desde la primera aportación a la cuenta y una de las siguientes reglas se cumpla: El individuo tenga 59½ años o más, el individuo muera o quede discapacitado o el dinero se utilice para la compra de su primera residencia, en este caso, solo califican los primeros $10,000 retirados.

Cuidado bajo Custodia
Cuidado proporcionado por gente sin habilidades médicas o entrenamiento médico, para asistir con el aseo, vestido, alimentación, administración de medicamentos y necesidades personales similares.

Cuidado Intensivo Certificado
Cuidado bajo la supervisión temporal o permanente de personal médico certificado.

Cuidado Intermedio
Cuidados de enfermería que deben ser realizadas por o bajo la supervisión directa de personal médico capacitado. Este tipo de atención no es tan intensivo como el cuidado de intensivo, pero es mayor que el cuidado de bajo custodia.

Deducción detallada
Opción dentro en la declaración de impuestos de un individuo que reduce el ingreso gravable. Por ejemplo, intereses hipotecarios, contribuciones caritativas, impuestos sobre la renta estatal o local, impuestos sobre bienes raíces y gastos profesionales no reembolsables.

Deducción Marital
Una regla fiscal que permite que los activos transferidos entre cónyuges queden libres del impuesto federal y estatal. Sin embargo, si alguno de los cónyuges no es un ciudadano estadounidense, se aplican diferentes reglas. (www.irs.gov)

Deuda del consumidor
Una deuda en la que los pagos de intereses no son deducibles del impuestos sobre el ingreso, por ejemplo, tarjetas de crédito y préstamos de automóvil.

Deuda
Dinero, bienes o servicios, en la que, una de las partes de la transacción esta obligada a pagarle a la otra.

Deudas deducibles
Son algunas deudas que son parte de la herencia de un individuo. Éstas incluyen deudas que son garantizadas por activos incluidos en la herencia, deudas sin garantía (las cuales el difunto era el deudor único). Se asume que solo la mitad de las deudas conjuntas o deudas señaladas como de propiedad común, son deducibles.

Distribución de bienes fuera del patrimonio
Estos son los activos que pasan a un beneficiario fuera de la herencia del difunto.

Distribuciones
Pagos que provienen de un fondo de inversión, fondo mutual, fideicomiso, herencia o corporación. Éstos pueden incluir dividendos, ganancias de capital, otros ingresos por intereses o repartos de utilidad. Una distribución también se define como un pago o aportación a un plan de jubilación (retiro).

Diversificación
Colocación de las inversiones, entre diferentes compañías de distintas categorías para minimizar el riesgo. La diversificación, también puede significar la participación de una corporación grande dentro de una amplia variedad de actividades económicas.

Dividendo en Acciones
Dividendo que se paga en forma de acciones y no en dinero.

Dividendos
Es el derecho de los tenedores de acciones a recibir su participación correspondiente de las utilidades de la empresa, a través del pago del dividendo. Los dividendos pueden ser entregados en efectivo, en acciones o en especie. Los accionistas con Acciones Preferenciales, generalmente reciben los dividendos fijos, en las Acciones Comunes, los dividendos varían con las ganancias y desempeño de la compañía.

Dividendos Calificados
Son los dividendos obtenidos vía acciones calificadas. Individuos con tasa impositiva de entre el 10% y 15% son elegibles a una tasa preferencial del 5% en dividendos calificados. Contribuyentes en tasas impositivas más altas obtienen una tasa del 15% en estos dividendos. Esta tasa preferencial no esta disponible en dividendos de mercado de dinero y bonos.

Domicilio legal
Domicilio legal considerado como la residencia principal de un individuo o un negocio.

Ejecutor
Persona o institución designada en un testamento para llevar a cabo los deseos e instrucciones del fallecido, así como, para administrar la herencia.

Estatus de Gravamen de Valores
Los valores que no están exentos de impuestos o que serán diferidos son considerados "gravables". Esto significa que los ingresos recibidos de los valores son gravados en el año que son generados. Los impuestos diferidos de dichos valores en cuentas IRA, planes 401(k), 403(b), anualidad de gravamen diferido, serán cobrados a su retiro a las tasas impositivas de ese momento.

Exclusión Anual
La regla del "Federal Gift Tax" (Impuesto Federal sobre regalos) permite a una persona hacer regalos valorados hasta en $13,000 cada uno a cualquier número de individuos cada año, libre del impuesto federal. El límite de $13,000 será ajustado conforme a la inflación cada dos años.

Exclusión de la ganancia de la venta de residencia
Usted puede excluir en su declaración fiscal hasta $250,000, sobre la ganancia obtenida en la venta de su residencia principal, aunque hay que cumplir con otros requerimientos.

Fideicomisario
Un individuo o corporación que posee el título legal de un fideicomiso con el fin de administrar los valores del mismo para los beneficiarios.

Fideicomiso
Es un contrato o convenio en el cual una persona, llamada "cedente", transmite bienes y derechos presentes o futuros, dinero o propiedad a otra persona "fideicomisario"; para que ésta administre o invierta los bienes en beneficio propio o en beneficio de terceros (Beneficiario).

Fideicomiso Caritativo
Fideicomiso establecido con el objetivo dual de donación a caridad y aseguramiento de un beneficiario no caritativo. La porción donada a la beneficencia es considerada exenta del impuesto federal sobre regalos, la porción al beneficiario no-caritativo, no esta exenta y debe ser parte de la declaración fiscal del donante.

Fideicomiso Caritativo Anualizado
Fideicomiso que paga ingresos fijos cada año (anualidad) a un beneficiario, normalmente por un término establecido al establecer el fideicomiso.
Ver también Fideicomiso Caritativo Remanente.

Fideicomiso Caritativo Líder
Fideicomiso irrevocable, que proporciona ingresos a una Institución de Beneficencia por un período determinado de tiempo, o por el resto de la vida de una persona. Después de que los ingresos por intereses se hayan agotado, el capital inicial es devuelto al donante o a los herederos designados por el donante. Este tipo de fideicomiso puede reducir los impuestos de sucesión y permitir que los herederos retengan el control de los activos.

Fideicomiso Caritativo Remanente
Fideicomiso irrevocable, que proporciona ingresos al donante o a un beneficiario por un período determinado de tiempo, o por el resto de la vida de una persona. Después de que los ingresos por intereses se hayan agotado, los activos restantes

pasan a la beneficencia, estos representan un regalo caritativo que proporciona una deducción al impuesto Federal de Sucesión. Si la propiedad colocada en el fideicomiso es un activo fijo apreciado, los impuestos sobre la plusvalía se pueden diferir.

Fideicomiso Caritativo Remanente Unitario
Fideicomiso caritativo, que paga al beneficiario no caritativo ingresos que varían según el valor de los activos dentro del fideicomiso.
Ver también Fideicomiso Caritativo Remanente.

Fideicomiso con Anualidad Retenida por el Cedente
Fideicomiso irrevocable, en el que un individuo transfiere activos y recibe ingresos, estos ingresos varían dependiendo del rendimiento de las inversiones dentro del mismo. Esto sucede por un periodo determinado de tiempo y al término, la propiedad pasa a los beneficiarios del fidecomiso.

Fideicomiso con Ingreso Retenido por el Cedente
Fideicomiso irrevocable, en el que un individuo transfiere activos o propiedades, pero, retiene los derechos de uso por un periodo de tiempo determinado.

Fideicomiso con Retención del Cedente
Fideicomiso irrevocable, en el que un individuo transfiere activos o propiedades, pero, retiene los ingresos del fideicomiso. Generalmente, el ingreso generado por las inversiones es gravado al cedente

Fideicomiso en Vida
Un fideicomiso creado por una persona durante su vida.

Fideicomiso Revocable
Un fideicomiso en el cual el cedente se reserva el derecho de enmendar o terminar dicho contrato.

Fideicomiso Irrevocable
Un fideicomiso que no puede ser enmendado o finiquitado después de su creación por el cedente.

Fiduciario
Persona en una posición de confianza, que tiene el deber legal de actuar de parte de otra persona. Se incluyen a ejecutores de testamentos, administradores, agentes financieros, guardianes y fideicomisarios.

Flujo de Fondos (Liquidez)
Mide la cantidad de efectivo que fluye hacia un negocio y sale de él durante un período de tiempo específico (semana, mes o año).

Fondo asesorado por donantes
Fondo de inversión administrado por los mismos donantes. Surge como una alternativa a una fundación privada y permite a los donantes realizar donaciones irrevocables de dinero, acciones, bonos o fondos de inversión, a cambio de una deducción de impuestos sobre el ingreso. Una vez que la donación se realiza, se combina con otros activos y es manejado por consejeros profesionales de inversión. El donante puede aconsejar la manera en que la donación debe ser asignada entre fondos e instrumentos de inversión y luego puede recomendar instituciones benéficas, siempre y cuando estén dentro de las aprobadas por el IRS.

Fondo de Crecimiento (Valorización)
Fondo mutual que invierte en acciones de empresas que tienen un crecimiento más alto que el promedio de la industria. El objetivo es obtener una mayor apreciación en el valor de las acciones a largo plazo.

Fondo de Crecimiento Agresivo
Fondo de inversión que tiene como objetivo principal el buscar crecimiento rápido de capital, a menudo invierte en compañías pequeñas o emergentes.

Fondo de Ingreso y Crecimiento (Valorización)
Fondo mutual cuyo objetivo es proporcionar tanto un alto nivel de crecimiento en el valor de las acciones, como en el ingreso corriente.

Fondo de Inversión Balanceado
Un fondo mutual que tiene como objetivo balancear tanto el crecimiento de capital, como el generar ingreso corriente. Invirtiendo en una combinación de acciones y bonos, estos fondos generalmente sostienen un mínimo de 25% de sus activos en inversiones de ingresos fijos, y tienden a ser menos volátiles que los fondos que tienen mayormente acciones.

Fondo de Mercado de Dinero
Fondo Mutual que invierte en valores de corto plazo y tiene como objetivo el mantener un valor constante de los activos.

Fondo de Reservas de Capital
Dinero que se reserva para un objetivo a largo plazo y requiere la acumulación de capital. Por ejemplo, el poder cumplir tanto con los objetivos marcados de una corporación, como para cubrir posibles riesgos que no pueden ser protegidos por un seguro.

Fondo Mutual (Fondo de Inversión)
Inversión que reúne dinero de varios inversionistas y lo invierte en un portafolio de diversas acciones, bonos, opciones o valores de mercado de dinero. Estos fondos de inversión, ofrece a los inversionistas una mayor diversificación junto con un manejo profesional del portafolio, evitando así altos costos, normalmente asociados con estos mismos servicios. Otro beneficio, es el de poder comenzar con una menor inversión inicial que comprando las inversiones directamente.

Fundación Comunitaria
Institución benéfica sin fines de lucro y exenta de impuestos, generalmente establecida para ayudar en las necesidades de una comunidad local.

Ganancia o Pérdida Ordinaria
Es la ganancia o pérdida que resulta de la venta de un activo fijo, por ejemplo, bonos, notas de crédito o certificados bancarios. Una ganancia ordinaria es gravada a la tasa de ingreso más alta del inversionista, en lugar de la tasa más favorable de Ganancias de Capital. Si ciertos parámetros se cumplen, la pérdida sobre la venta de una inversión en una pequeña sociedad comercial puede ser manejada como una pérdida ordinaria.

Ganancia o Pérdida Realizada
Ganancia o pérdida que resulta de la venta o transferencia de una propiedad, puede ser también por una operación financiera, por ejemplo, la venta de acciones bursátiles.

Ganancias de Capital
La diferencia entre el valor base ajustado de un activo fijo y el precio de venta, siempre y cuando la diferencia sea positiva. El gravamen sobre las ganancias de capital se debe, normalmente, a la venta de un activo que ha incrementado su

valor. Actualmente es del 5 o 15% dependiendo en su nivel de ingreso, pero esto cambiara en el 2011.
Ver también la Base ajustada y Activo fijo.

Garantía
Promesa de responder al pago de una deuda u obligación, si la persona que contrajo la deuda deja de hacer pagos o incumple su obligación, la propiedad o bien en cuestión será regresado al propietario original.

Garantía de Renovación
Una provisión contenida en las pólizas de seguros de vida, que prohíbe a la compañía de seguros anular una póliza por cualquier razón, excepto la falta de pago. Esta también prohíbe el aumento de primas; a menos, que haya un aumento generalizado a todos los asegurados de un grupo en particular.

Gastos administrativos para la planeación del traspaso de patrimonio (Herencia)
Gastos incurridos al ejecutar un testamento o plan de herencia. Estos gastos varían según la complejidad de la herencia y son independientes de los gastos de entierro, deudas e impuestos de sucesión, también incluyen: honorarios de abogados y ejecutor, costos de tribunal, transferencia de bienes inmuebles, derechos de matriculación y costes de traspaso de título y corretaje. Las estimaciones son calculadas como un porcentaje del patrimonio neto, comúnmente se extienden del 1% al 6%.

Gastos Discrecionales
Son gastos que normalmente impactan fuertemente en los presupuestos, tanto personales como de un negocio, se aconseja reducirlos. Esto mejorará su liquidez y el capital excedente podrá ser usado para cumplir con otros objetivos. Estos gastos pueden incluir placer personal, artículos de lujo, vacaciones, entretenimiento, mejoras de casa y nuevos automóviles. *Compare a Gastos Fijos.*

Gastos fijos
Gastos de sustento que son necesarios para mantener su estilo de vida o un negocio operando. Incluyen: alojamiento, alimento, ropa, transporte, educación, salarios y seguros.

Gravamen Diferido
Tratamiento fiscal de ciertos productos e inversiones, esto causa que los ingresos sólo sean gravados a su vencimiento o al ser retirados de la cuenta.

Gravamen Diferido sobre el Valor de Efectivo en Pólizas de Seguros
Fondos remanentes en especificas pólizas de seguro de vida. Son el excedente de la cantidad usada en el año corriente para administrar y cubrir gastos de la póliza. Las ganancias en estos fondos, generalmente no se gravan hasta su retiro.

Gravamen sobre las ganancias de capital
La tasa de gravamen aplicada a las ganancias de capital. 5% o 15% dependiendo de su ingreso.

Impuesto de transferencia trans-generacional
Gravamen aplicado sobre las transferencias de bienes que saltan una generación intermedia. Por ejemplo, un regalo de un abuelo a un nieto es una transferencia trans-generacional. Este impuesto (mínimo 55%) se aplica aparte de de los impuestos federales sobre regalos y herencias. Está diseñado para desalentar este tipo transferencias.

Impuesto mínimo alternativo (AMT)
Método utilizado para el cálculo de impuestos que impide determinadas exenciones y deducciones fiscales. En especifico la depreciación acelerada y exclusión de impuestos al rendimiento de ciertos bonos municipales. El impuesto se destina a garantizar que los contribuyentes que se benefician de las exenciones, no se libren de pagar su parte correspondiente a sus impuestos a los ingresos. Los impuestos se calculan utilizando tanto el método contable ordinario y el alternativo, y se paga el mayor de los dos resultados.

Legalización
Proceso Jurídico que implica pasar a revisión de una corte la administración y distribución del patrimonio de una persona recién fallecida. Este incluye, el determinar la validez del testamento, nombramiento de un ejecutor y el establecimiento de la herencia en si.

Ley Federal de Contribuciones al Seguro
Ley federal que estableció el Seguro Social. Obliga a los patrones a retener de los salarios, una proporción, y comprometerse a realizar los pagos correspondientes al plan para del <u>Fondo para la Vejez, Sobrevivientes y seguros Médico y de Incapacidad del Seguro Social</u> (OASDHI, por sus siglas en ingles).

Ley Federal de Gravamen al Desempleo
Legislación bajo la que los gobiernos federal y estatal, exigen que los patrones y en algunos casos los trabajadores, contribuyan a un seguro para el fondo de desempleo, de donde, posteriormente, se pagarán estas prestaciones y beneficios a quien las necesite.

Línea de Crédito
Compromiso por parte de una institución financiera, de otorgarle a un particular fondos hasta una cantidad especificada en un tiempo determinado.

Liquidez
Característica de una inversión que le permite ser fácilmente convertida a dinero en efectivo, en cualquier momento y sin penalizaciones.

Impuestos de Sucesión
Impuestos generados en el momento de ejecutar un testamento, incluyen impuestos federales de sucesión, impuestos federales y estatales de transferencias, impuestos de transferencias con "salto de generación" e impuestos sobre la herencia.

Impuestos Estatales sobre la Herencia
Algunos Estados, tienen como regla el gravar la herencia (patrimonio) a la muerte de un residente o persona que posee bienes inmuebles en el estado. Los impuestos de sucesión federales están basados en el monto gravable del patrimonio; mientras que los impuestos a la herencia están basados en la cantidad que cada persona recibe como herencia. El impuesto a la herencia, generalmente varía según el tipo y cantidad de la propiedad y la relación con la persona difunta. Por ejemplo, la tasa impositiva a menudo es inferior para un cónyuge y más alta para parientes distantes. Algunos Estados también imponen un impuesto a las transferencias que saltan una generación, similar al Impuesto Federal de Transferencia Trans-generacional.

Impuestos sobre Regalos
Gravamen impuesto por el gobierno federal y algunos estados sobre regalos hechos durante la vida de una persona. Este impuesto federal está diseñado para que los regalos durante la vida sean gravados de manera similar a las herencias.

Incentivo de Acciones (Stock Options)
La oportunidad de los empleados para comprar acciones de la compañía a un precio fijo. El impuesto sobre el ingreso de estas acciones es diferido hasta que estas son vendidas.

Indemnización
Compensación pagada a un empleado que ha sido despedido.

Inflación
El aumento de los precios de productos y servicios a través del tiempo, que trae como consecuencia la disminución del poder adquisitivo del dinero.

Ingreso Bruto
Incluyen todo el ingreso gravable. Esto incluye, todos los ingresos recibidos por cualquier fuente, tales como: sueldos, comisiones, dividendos, intereses, beneficios recibidos por el patrón y las distribuciones de planes de jubilación.

Ingreso bruto ajustado (AGI)
Es el total de los ingresos brutos menos deducciones autorizadas en el código fiscal. (www.irs.gov)

Ingreso de Inversión
El ingreso de las inversiones se divide en dos tipos: Intereses y Dividendos.

Ingreso Discrecional
La diferencia entre los ingresos de un individuo y sus gastos de sustento y personales. Es el dinero disponible para ahorrar, invertir y alcanzar objetivos financieros.

Ingreso Fijo
Los ingresos que son pagados a la misma tasa de rendimiento (típicamente Bonos) hasta que vencen o son vendidos.

Ingreso Gravable
Es el monto de los ingresos tomados como base para calcular su obligación fiscal-tributaria. Se calcula tomando el ingreso bruto y restando las deducciones realizadas de manera estándar autorizadas en el código fiscal.

Ingreso Pasivo
Son los ingresos de una inversión realizada en un negocio, en el cual el inversionista no participa materialmente. La participación material requiere de una participación continua y trascendente en las operaciones de dicho negocio.

Ingreso Total
Todos los ingresos recibidos durante el año fiscal, incluyendo el ingreso gravable y el exento de gravamen. No incluye los ingresos diferidos de gravamen.

Ingresos con respecto al difunto (IRD)
Ingreso gravable que un individuo habría recibido si siguiera con vida. Si el IRD es traspasado al patrimonio del difunto, este tiene que ser reportado en la declaración de impuestos bajo ingresos testamentarios. Sin embargo, si es traspasado directamente a un beneficiario, tendrá que ser reportado en la declaración de impuestos del beneficiario en el mismo año fiscal recibido.

Ingresos de un Plan de Retiro (Plan de Jubilación)
Son los ingresos recibidos de un plan de jubilación o retiro. Esto no incluye las ganancias acumuladas dentro del plan de inversiones que aun no son distribuidas.

Ingresos Recibidos
Son los ingresos recibidos como compensación por trabajo, sueldos, salarios, ingresos varios y comisiones, así se trabaje en una empresa o por su propia cuenta.

Intercambio 1035
Es una provisión dentro del código tributario, que permite la transferencia directa de fondos acumulados a una póliza de seguro de vida, seguro mixto o anualidad, sin crear un evento gravable. Una póliza de seguro de vida puede ser intercambiada a otra póliza de seguro de vida, o a un seguro mixto o a una anualidad. Un seguro mixto puede ser intercambiado a otro seguro mixto o una anualidad. Una anualidad puede ser intercambiada sólo por otra anualidad.

Interés Compuesto
Es el interés calculado entre el principal y el interés acumulado durante el período anterior. El interés compuesto puede ser calculado diario, mensual, trimestral, semestral o anualmente.

Intereses
Es el costo de pedir dinero prestado.

Interés libre de Gravamen
El interés ganado en inversiones exentas de gravamen, no se incluye en la declaración fiscal del titular de la cuenta. Dependiendo del uso original del dinero, el interés puede ser sujeto al impuesto mínimo alternativo o no. En la mayoría de los estados, los ingresos de bonos municipales emitidos dentro del estado, están exentos de impuestos a residentes del estado exclusivamente. *Véase Impuesto mínimo alternativo (AMT).*

Intestado
Morir sin un testamento válido.

Inversiones
Acciones o Bonos.

IRA Educacional
Véase Cuenta de ahorros para la educación Coverdell.

Manejo de Riesgo (Gestión de Riesgo)
Uso de diversas estrategias con el fin de reducir el impacto financiero, ya sea por la pérdida de vida, propiedad o capacidad de generar ingresos; generalmente por medio de la adquisición de pólizas de seguros.

Medicaid
Programa de asistencia pública, que paga por servicios de asistencia médica a todos aquellos que necesitan ayuda financiera. En ocasiones puede pagar por el cuidado de ancianos en ciertas clínicas, o algunos cuidados en casa.

Medicare
Programa federal de hospital y seguro médico para la gente de 65 años o más. También incluye a personas de cualquier edad con ciertos tipos de discapacidad.

Medigap (Seguro suplementario de Medicare)
Seguro privado que cubre los huecos en la cobertura de Medicare, con el pago de un deducible mensual y un co-seguro al recibir los servicios. Típicamente, éste seguro no proporciona ninguna ventaja para el cuidado a largo plazo o en clínicas de ancianos.

Nota de la Tesorería
Son títulos que emite la Tesorería para cubrir el déficit fiscal; generalmente son valores que se emiten a corto plazo (entre 1 y 7 años), tienen alta liquidez en el mercado secundario, ya que el nivel de riesgo con el gobierno se supone cero.

Pasivo / Deudas / Obligaciones / Responsabilidades
Deudas u obligaciones adquiridas con otra persona o entidad financiera. Los pasivos incluyen: Deudas de tarjetas de crédito, préstamos garantizados por inversiones o con bienes personales, préstamo para automóvil, o préstamos garantizados por una casa (hipoteca).

Pasivos deducibles
Deuda en la que los pagos de intereses son deducibles de impuestos sobre el ingreso, entre ellos: Intereses en hipotecas, préstamo sobre el patrimonio neto de una casa (equity), préstamo a un negocio o para un comercio e incluso algunos préstamos a inversionistas.

Patrimonio (Bienes en Herencia)
Todos los activos y pasivos propiedad de un individuo. Bienes de Herencia es un término común que se le da al patrimonio de un difunto.

Patrimonio Bruto
Todos los activos personales o de un negocio. Incluyen: Activos de inversiones, beneficios de retiro y seguros de vida, que posee una persona o corporación, en un momento especifico en el pasado.

Per Stirpes
Método para dividir una herencia en el cual, el patrimonio, se divide basad en el grado de parentesco más cercano con el difunto, por ejemplo, en caso de que los hijos ya no estén vivos, los nietos toman partes iguales a la de sus padres.

Per Capita
Método para dividir una herencia en la cual, el patrimonio, se divide por partes iguales entre todas las personas de un mismo nivel o grado de parentesco con el difunto, por ejemplo, todos los nietos toman partes iguales sin tener en cuenta si los hijos del difunto están vivos o no.

Perdida por Siniestro
Perdida financiera causada por un siniestro (Causalidad). *Véase también Siniestro.*

Pérdidas de Capital
Sucede cuando el valor base ajustado de un Activo Fijo es menor a su precio de venta.
Ver también la Base ajustada y Activo fijo.

Plan 401(k)
Un plan de jubilación calificado, en el cual los empleados contribuyen con una parte de su compensación. Las aportaciones y las ganancias son gravadas de manera diferida, y son gravadas cuando los fondos son retirados de la cuenta. El empleado tiene que cumplir con otros requerimientos para evitar pagar impuestos sobre estos retiros, estos son: Edad minima de 59 ½, estar discapacitado ó haber fallecido.

Plan 403(b)
Un plan de jubilación calificado que permite, que empleados de escuelas públicas y organizaciones que se encuentran bajo el código fiscal 501(c)(3), tengan la opción de hacer aportaciones al plan de retiro y deducir estas de su ingreso anual. Las contribuciones y las ganancias son gravadas de manera diferida, y son gravadas al ser retiradas de la cuenta. El empleado tiene que cumplir con otros requerimientos para evitar pagar impuestos sobre estos retiros, estos son: Edad minima de 59 ½, estar discapacitado ó haber fallecido.

Plan 457
Un plan no-calificado de compensación diferida para ciertas dependencias u organismos gubernamentales, algunas organizaciones exentas de impuestos, siempre y cuando, no sean organizaciones religiosas. Un empleado podrá aportar al plan, hasta un máximo de $16,500 o el 100% de su compensación en el 2009, el que sea menor.

Plan de Contribuciones Definidas
Plan de jubilación calificado que especifica el monto de las aportaciones anuales al plan. Comúnmente expresado como un porcentaje de la compensación del empleado, las contribuciones pueden ser hechas por el patrón, el empleado o ambos, según como lo dicte el plan. *Ver también el Plan de Retiro Calificado.*

Plan de Pensiones con Compra de Efectivo
Plan de jubilación de Contribución Definida, en el cual, el empleador contribuye con un porcentaje específico de la compensación de cada empleado por año.

Plan de Prestaciones Definidas
Plan de jubilación calificado que especifica el monto de las aportaciones que un participante del plan recibirá en el retiro. Comúnmente expresado como un porcentaje de la compensación previa al retiro o jubilación. *Ver también el Plan de Retiro Calificado.*

Plan de Propiedad de Acciones para los Empleados (ESOP)
Un plan de jubilación calificado, en el cual las aportaciones son hechas principalmente en acciones comunes de la empresa. Las acciones, se le otorgan al empleado cuando bajo un esquema predeterminado por el plan, generalmente, son liberadas cuando este se retira o abandona la compañía después de cierto número de años.

Plan de Retiro
Un plan de beneficios para el empleado que generalmente difiere el gravamen sobre aportaciones y ganancias de las inversiones, hasta que son retiradas de la cuenta.

Plan de Retiro Calificado
Plan ofrecido por un patrón, para proporcionar beneficios de retiro a sus empleados. Estos planes deben de cumplir con una serie de regulaciones estrictas (ERISA). El patrón puede descontar las contribuciones al plan directamente del salario, así los empleados pagan impuestos sobre una porción menor de su ingreso. Sin embargo, una porción de estos impuestos diferidos, se pagarán, por lo general, cuando el empleado reciba el dinero al momento de su retiro.
Ver también el Plan de beneficios definido y Plan de contribución definido.

Poder Duradero
Documento que autoriza a una persona para actuar como el agente o "en nombre de" otra persona (principal), aun si el principal se encuentra incapacitado o limitado en sus facultades mentales. El Poder no-duradero pierde su validez cuando el principal se encuentra limitado de sus facultades mentales.

Portafolio
Todas los valores dentro de un plan de inversiones.

Préstamo de tasa Cero
Un préstamo que requiere solo el pago de la cantidad originalmente prestada. La cantidad que habría sido generada por intereses, es considerada por el fisco como un regalo, dividendo o como una contribución al capital de un negocio.

Préstamo por debajo de mercado
Un préstamo con interés por debajo a las tasas actuales de mercado entre préstamos similares. La diferencia entre la cantidad de intereses que se habrían de pagar bajo tasas actuales de mercado y la cantidad real pagada, puede ser tratada por el fisco como un regalo exento de impuestos, como un dividendo o como una contribución a capital de una empresa a otra.

Préstamo sobre el valor de un Bien Raíz
Tipo de préstamo que utiliza el valor de una residencia o inmueble comercial como garantía colateral. En la mayor parte de estos prestamos, el interés pagado es deducible de impuestos sobre el ingreso.

Promedio de ingresos mensuales indexados
Parte de los sueldos o ingresos sujetos a ser gravados bajo el impuesto del Seguro Social (Social Security), los cuales son usados para calcular los futuros beneficios del Seguro Social.

Propiedad Conjunta
Tipo de propiedad donde dos o más personas son dueñas, en la que cada uno posee un interés indiviso al total del valor. A la muerte de uno de los dueños, su parte no se puede incluir en su testamento, por lo que se transfiere directamente a los propietarios restantes por partes iguales.

Propiedad en Común
Tipo de propiedad donde dos o más personas son dueñas, en la que cada uno posee un interés indiviso al total del valor. A la muerte de uno de los dueños, la porción correspondiente a la persona difunta, puede ser parte de su testamento y será distribuida de acuerdo a sus deseos.

Propiedad por Totalidad
Propiedad en común entre cónyuges. Este tipo de propiedad se acepta sólo en ciertos estados.

Propiedad Temporal
Interés en una propiedad que expira con el paso del tiempo, un acontecimiento futuro o la falta de un acontecimiento futuro.

Rango Marginal
Es el rango del ingreso gravado a cierta tasa.

Regalo
Transferencia voluntaria de dinero o propiedad, en la que el dueño original no es compensado.

Regalo Caritativo
Dinero o propiedad transferida a instituciones benéficas calificadas. Individuos pueden dar una cantidad ilimitada a instituciones benéficas calificadas, estas estaran exentas del impuesto Federal de Sucesión y Herencias.

Regla anti-riesgo
Una regla de impuestos sobre ingresos, que limita las deducciones de un contribuyente para su negocio y por pérdidas de inversión. Generalmente estas perdidas, no pueden rebasar el total de responsabilidad del contribuyente o su porcentaje de exposición a la pérdida posible. Esta regla se aplica a las deducciones de los inversionistas para sociedades limitadas de bienes inmuebles (LLC).

Regla de Participación Pasiva
Regla Fiscal que limita la deducción de pérdidas en actividades donde el contribuyente no participa materialmente en la administración y manejo del negocio.

Rendimiento / Rédito
Ingresos producidos por una inversión. Por ejemplo, los bonos proporcionan ingresos en forma de interés y las acciones en forma de dividendos.

Rendimiento antes de Impuestos (Rendimiento Bruto)
Rendimiento obtenido antes de descontar impuestos sobre el ingreso, ganancias de capital.

Rendimiento Total
Rendimiento total de los intereses ganados, combinado con las ganancias provenientes del capital de una inversión.

Reserva de Efectivo
Dinero disponible para cubrir gastos que no fueron planeados en un presupuesto. Para individuos, el nivel sugerido de reserva de efectivo generalmente es de tres a seis meses del total de sus gastos, dependiendo de varios factores como: ingresos familiares, seguridad laboral, nivel de deuda y tolerancia de riesgo.

Riesgo de Inversión
Riesgo inherente generado por la volatilidad del mercado y los retornos en inversiones de renta variable. Es la posibilidad de obtener un retorno esperado en contra del rendimiento actual de una inversión. Este riesgo es medido estadísticamente, utilizando una curva de desviación estándar. El Riesgo de Inversión incluye: el riesgo económico, riesgo de inflación, riesgo de rédito, riesgo de mercado y riesgo específico.

Riesgo de Mercado
Riesgo creado por las condiciones del mercado de valores. Afecta a todas las inversiones de una clase similar. Por ejemplo, el valor de una acción común en particular, puede disminuir al mismo tiempo que el valor de un grupo mayor de acciones pertenecientes a la misma industria o a industrias relacionadas.
Ver también el Riesgo de inversión.

Riesgo de Rédito
Riesgo creado por los cambios en las tasas de interés. Por ejemplo, el valor de los bonos y obligaciones por lo general cae cuando las tasas de intereses se elevan y viceversa. *Ver también el Riesgo de inversión.*

Riesgo Económico
Riesgo creado por cambios en la economía. Los ciclos comerciales afectan negocios e industrias de manera diferente. Por ejemplo, unos prosperan durante una expansión económica y otros, durante una contracción económica. *Ver también Riesgo de Inversión.*

Riesgo Específico
Riesgo creado por la dirección, administración o problemas comerciales que afectan a una sola compañía. Por ejemplo, el valor de las acciones de una compañía en particular puede reducirse si los productos o servicios de la compañía no se venden, por malos manejos de sus lideres o por finanzas poco saludables. *Ver también el Riesgo de Inversión.*

Riesgo Inflacionario
Riesgo creado por la reducción del poder adquisitivo de la moneda circulante. Por ejemplo, cuando una inversión de $1,000 en un bono es redimida por el inversionista al término de su vencimiento (10 años), ésos $1,000 comprarán menos bienes en ese momento, comparado con lo que se hubiese podido comprar 10 años antes. Por esta razón, sus inversiones deben darle rendimientos mayores al índice inflacionario.
Ver también el riesgo de inversión.

Seguro de Incapacidad (Discapacidad)
Póliza que paga un beneficio mensual a la persona asegurada en caso de accidente o enfermedad, ayuda a sustituir ganancias o salarios perdidos por estas causas.

Seguro de Vida con Término
Tipo de seguro de vida que proporciona protección financiera durante un período especifico del tiempo. Si la muerte ocurre durante este período, el importe nominal de la póliza se pagará al beneficiario.

Seguro de Vida Universal (UL)
Tipo del seguro de vida permanente que permite al dueño variar la cantidad de protección de la póliza y los pagos de las primas, con el fin de reflejar sus cambios de necesidades al paso del tiempo. Parte del pago de prima es invertido en subcuentas de plazo fijo. Las ganancias de estas se acumulan con gravamen diferido.

Seguro de Vida Universal Variable (VUL)
Tipo del seguro de vida permanente que permite al dueño variar la cantidad de protección de la póliza y los pagos de las primas, regularmente con primas mensuales altas. El exceso del pago de la prima mensual puede ser invertido en una variedad de portafolios de inversiones. Las ganancias de éstas, se acumulan con gravamen diferido.

Seguro Whole Life (WL)
Tipo de seguro de vida permanente con beneficio y pagos de primas fijos.

Siniestro (Causalidad)
Daño, destrucción o pérdida de propiedad a consecuencia de un acontecimiento identificable, repentino, inesperado o inusual.

Sociedad Limitada Familiar (FLP)
Acumulado de activos de un negocio, que funciona como una sociedad y es propiedad de dos o más miembros de la misma familia. La sociedad debe incluir: Un Socio General y a un Socio Limitado. *Véase también el Socio General y Socio Limitado.*

Socio General
De entre dos o más socios en una empresa, uno es nombrado socio general. Este opera bajo el esquema de la Sociedad General. Un Socio General tiene responsabilidades ilimitadas sobre las deudas y obligaciones de la sociedad.

Socio Limitado
Socio que no participa en la dirección o el control de una sociedad, al mismo tiempo, no es responsable de las deudas y obligaciones de la sociedad.

Tasa de Rendimiento
Proporción de la cantidad ganada por una inversión, por lo general, expresada como un porcentaje anual. Por ejemplo, si una inversión de $100 gana $5 en un año, se dice que el rendimiento es del 5%. También se conoce como retorno o retorno de inversión.

Tasa de rendimiento después de impuestos
Es la ganancia neta de una inversión después de restar cualquier impuesto atribuible a dicha ganancia. Se calcula, restando la tasa impositiva marginal

del titular de la cuenta y multiplicando el resultado por el rendimiento en la inversión.

Por ejemplo, si la tasa impositiva marginal del inversionista es del 15% y el rendimiento en la inversión es el 8%, el rendimiento después de impuestos es del 6.8%.

Formula: ((1-.15) el 8%) = 6.8%

Si la inversión produce un crédito fiscal, el crédito se aumenta a las ganancias. En caso que las ganancias de la inversión no sean gravables, el rendimiento actual es el mismo que el rendimiento después de impuestos.

Tasa fiscal media
A nivel individual, se calcula dividiendo la cantidad del impuesto sobre el ingreso gravable. Para un negocio se calcula dividiendo el impuesto sobre el ingreso entre el ingreso total antes de impuestos.

Tasa Tributaria Marginal
La tasa impositiva que se aplica al siguiente dólar de ingreso gravable.

Testador
La persona que muere y deja un testamento.

Testamento
Documento que indica como deben ser distribuidos los bienes de una persona después de su muerte. Se usa también, para nombrar a una persona que funciona como tutor de menores de edad y quien servirá de ejecutor de la herencia.

Tipo de Propiedad
Título legal de una empresa, por ejemplo, Dueño Único, Arrendamiento en Común, Propiedad Conjunta o en Fideicomiso.

Títulos convertibles
Títulos corporativos que son intercambiables por una cantidad fija de dinero o por otra forma de titulo o acciones. Típicamente, bonos que son emitidos con un "derecho de intercambio".

Tolerancia Agresiva al Riesgo
La capacidad para aceptar riesgos, que en su momento, puedan presentar pérdida de principal y variaciones en rendimiento esperado, a cambio de la posibilidad de maximizar el rendimiento final. *Ver la tolerancia de riesgo.*

Tolerancia de Riesgo
La voluntad de aceptar riesgo en una inversión. Este incluye, la voluntad de un inversionista de tomar riesgos, así como aceptar los riesgos inherentes de cada inversión.

Tolerancia de Riesgo Conservadora
La capacidad de invertir en un instrumento con un retorno esperado bajo, a cambio de mayor seguridad de conservar su capital (preservación de capital). *Ver Tolerancia de Riesgo.*

Tolerancia de Riesgo Moderada
Voluntad de aceptar riesgos moderados en cuanto al rendimiento de sus inversiones, a la vez de asegurar la conservación de capital, obteniendo retornos de 2 a 3 puntos arriba del nivel de inflación. *Ver también la Tolerancia de Riesgo.*

Transferencia de bienes entre defunciones
Transferencia de bienes realizados durante la vida de una persona, que recibió dichos bienes, después de la muerte de otra. Por ejemplo, después de la muerte de un marido, la esposa podría hacer transferencias de bienes a sus herederos o a una beneficencia. Las transferencias que califican conforme la exclusión del impuesto Federal sobre Regalos, no están sujetas al impuesto Federal de Sucesión en la subsecuente muerte de la esposa.

Transferencias de Propiedad en Vida
Regalos hechos en vida que califican a la exclusión de gravamen federal, así como las donaciones a Instituciones caritativas calificadas. Estos no están sujetos a los impuestos de transferencia federal o estatal al momento de la muerte. Si el regalo fue hecho a un cónyuge, este califica a la deducción matrimonial y sería incluido en el patrimonio del cónyuge sobreviviente, pero no en el del cónyuge donante.

Unidad de Inversión en Fideicomiso
Inversión similar a un fondo mutual en donde el fideicomiso recibe dinero de inversionistas y lo usa para crear un portafolio de inversiones. Existe una fecha de vencimiento específica en la cual las inversiones serán vendidas y las ganancias serán devueltas a los inversionistas. Comúnmente, el portafolio de inversiones consiste de bonos y obligaciones de plazo fijo y no es modificado después de la compra inicial de las inversiones.

Unificación de Crédito

Referido en ocasiones como la cantidad de crédito aplicable, esto es el monto que puede ser aplicado contra el impuesto federal de transferencias o impuestos de sucesión. El valor de los activos protegidos por el crédito unificado de impuestos de sucesión federales es $3,500,000 en 2009. Para donaciones la cantidad es $1,000,000 en el 2009. El uso de este crédito existe para compensar impuestos a las instituciones benéficas calificadas y reducir el gravamen aplicable al patrimonio del difunto.

Unificación de Regalos y Transferencias a Menores

Las actas de Unificación de Regalos a Menores (UGMA) y la Unificación de Transferencias a Menores (UTMA), son leyes estatales, que permiten que regalos y/o transferencias sean hechos a menores. Un adulto es designado como "custodio" de la propiedad del menor. El menor, sin embargo, es el dueño de dicha propiedad y paga impuestos sobre las ganancias generadas por la misma. Una vez cumplida la mayoría de edad el menor tiene todos los derechos sobre la propiedad.

Valor de Vida Humana (VVH)

Método para determinar la cantidad del seguro de vida necesario, este método pretende determinar futuras ganancias económicas, que no serán obtenidas en caso de la muerte de la persona. Se calcula multiplicando el valor actual de los ingresos salariales por los años activos restantes. Este método intenta resumir toda la consecuencia económica causada por la pérdida de vida, incluyendo los gastos cotidianos esenciales de los sobrevivientes.

Valor Justo de Mercado

El precio al que se vende propiedad o bienes en el mercado abierto.

Valor Neto

Diferencia entre el valor total de activos y el importe de pasivos.

Valores Calificados

Valores que han sido invertidos en un plan de jubilación calificado o una cuenta IRA. Las ganancias no están sujetas a gravamen de ingreso hasta ser retiradas. Lo mismo sucede en planes de participación de utilidades, aportación de acciones, ESOP o pensiones.

Valores de Mercado de Dinero
Deuda de corto plazo, normalmente de menos de 90 días de vencimiento.

Valores Municipales
Bonos emitidos por un estado, municipio o agencia gubernamental.

Valores Negociables
Obligaciones de deuda negociables, por ejemplo, bonos del Tesoro de EE.UU., bonos municipales y bonos de las empresas cotizan en las principales bolsas de valores.

Valores No-Calificados
Valores que no son invertidos en un plan de jubilación calificado o cuenta IRA.

Valores Personales
Activos adquiridos para uso y placer personal, incluyen: autos, mobiliario de casa, joyería y posesiones similares.

Venta a Plazos
Venta de un activo a cambio de pagos periódicos de principal e interés.

Venta a una beneficencia
La venta de un activo a una organización de beneficencia o sin fines de lucro, por un precio que es inferior a su valor de mercado. La diferencia entre el precio de venta y el valor de mercado se considera como una contribución de caridad.
Véase también el Valor justo de mercado.

Notas

Capítulo I

Capítulo II

Capítulo III

Capítulo IV

Capítulo V

Capítulo VI

Capítulo VII

Capítulo VIII

Capítulo IX

Cupón para el CD Interactivo

Para obtener el mayor beneficio de este proceso, hemos desarrollado una presentación interactiva que le permitirá revisar este libro paso a paso, obtener información extra: tablas, gráficas y hojas de cálculo. Todo esto le asistirá en su proceso de planeación hacia su Independencia Financiara.

Le sugerimos obtener esta valiosa herramienta, ya que es una parte esencial del programa.

Por favor tome tiempo para llenar este cupón y envíelo con su pago por correo, para que podamos hacerle llegar el CD conteniendo la presentación. Este cupón le descuenta los gastos de manejo y envío.

Si usted prefiere comprar el CD en línea, puede ir a nuestra página Web: www.TheFinancialProfessor.com/coupon

Utilice el código <u>BOOKCOUPON</u> a la hora de pagar para obtener envío y manejo gratuito. En ambos casos el costo del CD es de $14.99

Forma de Pago

Nombre: _____

Dirección: _____
_____

Ciudad: _____

Estado: _____

Código Postal: _____

Fecha de Compra: _____

Lugar de Compra: _____

Forma de Pago

Cheque* _____

Haga cheques pagaderos a "FPO Consulting, Corp."

PayPal** _____   **CC** *(vía PayPal)* _____

Debe ser usuario del sistema PayPal. Pagos deben ser enviados al siguiente correo electrónico: TheFinancialProfessor@gmail.com o pagar por medio de nuestra pagina Web www.TheFinancialProfessor.com/payments

www.ingramcontent.com/pod-product-compliance
Lightning Source LLC
Chambersburg PA
CBHW030810180526
45163CB00003B/1221